中原智库丛书·学者系列

中国黄河流域
发展指数综合测评报告
(2012~2021)

Comprehensive Evaluation Report on Development Index
of the Yellow River Basin in China (2012-2021)

王承哲　刘朝阳　◎　主　编

杜明军　吴旭晓　杨玉雪　◎　副主编

社会科学文献出版社
SOCIAL SCIENCES ACADEMIC PRESS (CHINA)

内容提要

黄河流域生态保护和高质量发展战略的深入实施，为沿黄九省区生态保护和高质量发展提供了重大历史性机遇。但是黄河流域依然存在生态环境质量有待改善、协同发展机制有待健全、高质量发展不平衡不充分等突出问题。在此背景下，科学设计黄河流域综合发展指数（简称"黄河流域发展指数"）测评体系，动态监测黄河流域生态保护和高质量发展战略的实施情况，系统评判黄河流域治理水平及九省区差异，进而提出针对性的对策建议，具有深远的战略意义和重要的现实价值。

基于此，本书立足新发展理念，结合黄河流域九省区实际情况，从生态保护和高质量发展两个子系统出发，构建了包含 7 个维度、40 个具体指标的黄河流域发展指数评价指标体系。在对指标数据进行标准化处理的基础上，使用反熵权法和序关系分析法相结合的"乘法"集成赋权法确定各指标权重，并运用数据驱动模型，测算出 2012~2021 年黄河流域综合发展指数及分维度指数。采用修正的耦合协调度模型测度黄河流域生态保护与高质量发展两个子系统之间的耦合协调水平，并运用障碍度模型对指标体系进行系统分析，识别黄河指数的关键制约因素。

研究显示，总体来看，2012~2021 年黄河流域发展指数及沿黄九省区各级指数均呈上升趋势。其中，山东、陕西、四川的综合发展指数排名前三，河南的综合发展指数处于中等偏上水平，宁夏的综合发展指数倒数第一；四川、陕西、河南的生态保护指数排名前三；山东、陕西、四川的高质量发展指数排名前三。从耦合协调水平演变来看，黄河流域生态保护与高质量发展的耦合协调水平稳步上升，整体从濒临失调发展为初级协调；从耦合协调发展度均值看，仅有山东达到中级协调，陕西、宁夏、内蒙古和四川为初级协调，其余省区为勉强协调，九省区间的差异较大。从制约因素来看，生态质量、创新发展和开放发展是制约黄河流域生态保护和高质量发展的主要"短板"，需在这三个方面重点发力。

据此，除了向各省区提出针对性的发展举措，还从整体上提出创新为要，打造发展引擎；绿色至上，厚植发展底色；开放为先，夯实发展后劲；共建共享，提升发展温度；协调为核，拓展发展空间；守正创新，奏响文化强音等促进黄河流域生态保护和高质量发展的对策建议。

关键词： 黄河流域发展指数　反熵权法　序关系分析法　耦合协调度

Content Summary

The in-depth implementation of the strategy of ecological protection and high-quality development in the Yellow River Basin has provided a major historic opportunity for the work of ecological protection and high-quality development in provinces and regions along the Yellow River. However, there are still prominent problems in the Yellow River Basin, such as the quality of the ecological environment to be improved, the mechanism of coordinated development to be perfected, and the unbalanced and inadequate high-quality development. In this context, it is of far-reaching strategic significance and practical value to design the Yellow River Index evaluation system scientifically, dynamically monitor the implementation of ecological protection and high-quality development strategies in the Yellow River basin, systematically evaluate the level of basin governance and the differences among provinces and regions, and then put forward targeted countermeasures and suggestions.

Based on this, based on the new development concept and combined with the actual situation of provinces and regions in the Yellow River Basin, this report constructs the Yellow River Basin development index evaluation index system, which includes 7 dimensions and 40 specific indicators, from the two subsystems of ecological protection and high-quality development. On the basis of standardized processing of the index data, the "multiplication" integrated weighting method combining the anti-entropy weight method and the order relation analysis method was used to determine the weight of each index, and the data-driven model was used to calculate the comprehensive development index and the sub-dimension index of the Yellow River Basin from 2012 to 2021. The modified coupling coordination degree model was used to measure the coupling coordination level between the two subsystems of ecological protection and high quality development in the Yellow River Basin, and the obstacle degree model was used to analyze the index system and identify the key constraints of the Yellow River index.

The results show that: In general, the Yellow River index and the indexes at all levels along the nine provinces and regions of the Yellow River show an increasing trend from 2012 to 2021; The comprehensive development index of Shandong, Shaanxi and Sichuan ranks the top three. The comprehensive development index of Henan is at an above average level, and the comprehensive development index of Ningxia ranks the last. Sichuan, Shaanxi and Henan ranked the top three in ecological protection index. Shandong, Shaanxi and Sichuan ranked top three in the quality development index. From the perspective of coupling coordination level evolution, the coupling coordination level between ecological protection and high-quality development in the Yellow River Basin has steadily increased, and the whole area has developed from the verge of imbalance to primary coordination. From the mean value of coupling coordination degree, only Shandong achieves intermediate coordination, Shaanxi, Ningxia, Inner Mongolia and Sichuan achieve primary coordination, and the other provinces are barely coordinated, with great differences between provinces. From the perspective of constraints, ecological quality, innovative development and open development are the main " weak links " that restrict ecological protection and high-quality development of the Yellow River Basin, and we need to make efforts in these three aspects.

Therefore, in addition to the targeted development measures to the provinces, but also from the overall put forward innovation as the goal, to build a development engine; Green first, thickening development background color; Opening up first, strengthen the momentum of development; Joint construction and sharing, improve the development temperature; Coordination as the core, to expand the development space; The countermeasures and suggestions of maintaining integrity and innovation, playing the strong voice of culture and promoting the ecological protection and high-quality development of the Yellow River Basin.

Keywords: Yellow River Index, Anti-Entropy Weight Method, Order Relation Analysis, Coupling Coordination Degree

目　录

图目录

表目录

第一章
黄河流域发展指数综合测评研究设计

第一节　时代背景

黄河是中华民族的母亲河，是中华民族生存、发展和永续存在的摇篮，在中华民族5000多年文明史上，有3000多年时间黄河流域都是我国的政治、经济、文化中心。黄河是我国重要的生态安全屏障，也是人口活动和经济发展的重要区域，在国家发展大局和社会主义现代化建设全局中具有举足轻重的战略地位，黄河流域的生态保护和高质量发展是事关中华民族伟大复兴的千秋大计。习近平总书记多次深入黄河沿线实地考察黄河流域生态保护和经济社会发展情况，足迹遍布沿黄九省区，并多次就相关重点工作做出重要指示批示，强调要共同抓好大保护，协同推进大治理，着力加强黄河流域生态保护治理，保障黄河长治久安，促进黄河全流域高质量发展，改善流域人民群众生活，保护传承弘扬黄河文化，让黄河成为造福人民的幸福河，全面开启了黄河流域生态保护和高质量发展的新篇章。

2019年9月，习近平总书记在河南郑州主持召开黄河流域生态保护和高质量发展座谈会并发表重要讲话，首次提出"黄河流域生态保护和高质量发展，同京津冀协同发展、长江经济带发展、粤港澳大湾区建设、长三角一体化发展一样，是重大国家战略"。2020年1月，习近平总书记主持召开中央财经委员会第六次会议时强调，黄河流域必须下大力气进行大保护、大治理，走生态保护和高质量发展的路子。2021 年 10 月，习近平总书记在山东东营考察黄河入海口时提出，"继长江经济带发展战略之后，我们提出黄河流域生态保护和高质量发展战略，国家的'江河战略'就确立起来了"，并在济南主持召开深入推动黄河流域生态保护和高质量发展座谈会。从中游郑州到下游济南，从黄河流域生态保护和高质量发展座谈会到深入推动黄河流域生态保护和高质量发展座谈会，将黄河流域生态保护和高质量发展上升为重大国家战略，进一步明确了黄河流域在中华民族伟大复兴中的重要地位，同时开启了黄河治理、保护和高质量发展的新征程。

自党的十八大以来，以习近平同志为核心的党中央立足中华民族伟大复兴战略全局，不断丰富完善健全黄河流域生态保护和高质量发展的顶层设计。2020 年 10 月，中共中央、国务院印发《黄河流域生态保护和高质量发展规划纲要》，对黄河流域生态保护和高质量发展做出了全面系统部署，为当前和今后一个时期黄河流域生态保护和高质量发展提供了纲领性文件，也为相关规划方案、政策措施的制定实施和相关工程项目建设提供了重要依据。2022 年 6 月，生态环境部、国家发展和改革委员会、自然资源部、水利部四部门联合印发《黄河流域生态环境保护规划》，再次明确了黄河流域生态环境保护的指导思想、基本原则、主要任务、重点工程和保障措施，该规划是落实《黄河流域生态保护和高质量发展规划纲要》"1+N+X"要求的专项规划，为黄河流域的生态环境保护工作提供了行动指南。2022 年 8 月，财政部印发《中央财政关于推动黄河流域生态保护和高质量发展的财税支持方案》，明确提出中央财政设立黄河流域生态保护和高质量发展奖补资金，用于支持沿黄河省区统筹做好加强生态环境保护、保障黄河长治久安、推进水资源节约集约利用、推动黄河流域高质量发展、保护传承弘扬黄河文化等工作。2022 年 12 月，财政部又印发《黄河流域生态保护和高质量发展奖补资金管理办法》，旨在提高奖补资金使用效益，有效带动扩大全社会投资，助力黄河流域生态保护和高质量发展。2022 年 10 月 30 日，中华人民共和国第十三届全国人民代表大会常务委员会第三十七次会议通过《中华人民共和国黄河保护法》，并于 2023 年 4 月 1 日起实施，这是继第一部流域法律《中华人民共和国长江保护法》实施后，我国流域生态文明建设的又一标志性立法成果。为加强黄河流域环境保护，保障黄河岁岁安澜，促进流域水资源节约集约利用，推动流域地区高质量发展，为人与自然和谐共生和中华民族永续发展提供了法治支撑。

自党中央把黄河流域生态保护和高质量发展上升为国家战略以来，沿黄各省区围绕解决黄河流域存在的典型性矛盾和突出性问题，按照"节水优先、空间均衡、系统治理、两手发力"的治水思路，针对性地开展了大量工作，搭建起黄河保护治理的"四梁八柱"，流域生态环境明显向好，黄河治理和经济社会发展都取得了显著成就。与此同时，我们必须清醒地看到当前仍存在一些制约黄河流域生态保护和高质量发展的因素。在生态环境方面，流域生态环境本底仍相对脆弱，水资源刚性约束导致的供需矛盾仍然存在，生态空间被经济行为挤占，生态系统功能性失衡。上游局部地区水源涵养功能有所降低，中游一些地区水土流失依然严重、部分支流污染问题仍较突出，下游地区部分河口湿地萎缩，黄河作为地上悬河始终存在洪水威胁这个问题仍未得到有效解决。在经济社会发展方面，由于黄河流域东西跨度较大、自然地理和经济社会等条件各异，上中下游地区在环境治理、资源利用、经济增长、技术创新、民生发展等方面存在显著的空间异质性，尤其是中上游的青海、甘肃、宁夏等省区属于我国欠发达地区，黄河流域发展不充分、不协调的问题十分突出。沿黄各省区在共同抓好大保护、协同推进大治理方面的高效协同发展机制仍不够完善，在流域经济空间开发的整体性方面仍存在较大提升空间，高质量发展的不平衡不充分仍是当前以及今后较长一段时期黄河流域亟须解决的制约性短板。

在此时代背景下，构建完备的指标体系测算黄河流域综合发展指数，科学客观动态监测评估黄河流域生态保护和高质量发展战略的实施情况，并根据评估结果，聚焦重点领域，把脉薄弱环节，全面系统分析评判流域整体治理水平及沿黄各省区间存在的发展差异和提升方向，建立纵横联动的上中下游协同发展机制，对解决黄河流域当前存在的发展不平衡不充分问题、切实提升黄河流域生态保护和高质量发展的成效、进一步落实好国家区域发展重大战略、推动实现中国式现代化和中华民族伟大复兴具有重要现实价值。

第二节　战略意义

一　筑牢我国生态安全屏障的重大前提

黄河全长约 5464 千米，流域西界巴颜喀拉山，北抵阴山，南至秦岭，东注渤海，横跨了青藏高原、内蒙古高原、黄土高原、华北平原四大地貌单元和我国地势三大台阶，涵盖了黄河天然生态廊道和三江源、祁连山、若尔盖等多个重要生态功能区域，在黄河入海口的山东东营，还有着全球最年轻的三角洲和湿地生态系统。黄河流域承担着重要的水源涵养、水土保持、荒漠化防治等生态服务功能，是我国不可或缺的生态安全屏障。从主体功能区规划看，我国确定的以"两屏三带"为主体的生态安全战略格局中，有"两屏一带"位于黄河流域，分别是青藏高原生态屏障、黄土高原—川滇生态屏障和北方防沙带。但生态脆弱是黄河流域最突出的问题之一，习近平总书记就指出，黄河水安全是黄河流域最大的"灰犀牛"。因此，黄河流域生态安全不仅关乎黄河安澜和地区生态面貌改善，更关乎流域乃至全国高质量发展的资源环境基础稳固，筑牢黄河流域生态安全屏障是筑牢我国生态安全屏障的重大前提。

二　推动实现全国共同富裕的现实需要

党的二十大明确强调，全面建成社会主义现代化强国，以中国式现代化全面推进中华民族伟大复兴，是新时代新征程的伟大使命和中心任务。共同富裕不仅是中国式现代化的重要特征之一，而且是社会主义的本质要求。2021 年黄河流域九省区的总人口约为 4.2 亿人，占全国总人口的 29.8%；经济总量约为 28.7 万亿元，占全国的 25.3%。九省区绝大部分属于我国西部相对欠发达地区，尤其黄河流域的上中游是我国老少边穷地区比较集中的区域，低收入人口较多，流域整体人均 GDP 和人均收入同长江经济带以及全国相比仍然较低。黄河流域内分布有较广范围的民族地区、革命老区、资源贫乏地区及生态脆弱地区等特殊区域，给新时期脱贫成果的巩固、内生发展动力的激活、地区综合实力的提升以及共同富裕的实现等带来不小的挑战。因此，在以中国式现代化推进中华民族伟大复兴的历史进程中，黄河流域作为横贯我国东中西三大区域的重要区域，推进其共同富裕进程是解决当前我国经济社会发展不平衡不充分矛盾的内在要求，事关我国区域协调发展，更事关全国共同富裕的实现。

三　加快发展方式绿色转型的必然要求

提出和实施黄河流域生态保护和高质量发展战略，是习近平生态文明思想的生动体现。习近平总书记在河南郑州主持召开黄河流域生态保护和高质量发展座谈会时强调，要坚持绿水青山就是金山银山的理念，坚持生态优先、绿色发展。在山东济南主持召开深入推动黄河流域生态保护和高质量发展座谈会时再次指出，沿黄河省区要落实好黄河流域生态保护和高质量发展战略部署，坚定不移走生态优先、绿色发展的现代化道路。但当前，沿黄各省区产业倚能倚重、低质低效问题仍相对突出，以能源化工、原材料、农牧业等产业为主导的特征依旧明显，缺乏有较强竞争力的新兴产业集群，同全国的绿色转型发展水平相比仍存在较大差距。黄河流域的山西、宁夏、甘肃、青海等省区是我国重要的能源基地，同时青海、甘肃、内蒙古等省区还蕴含风能、太阳能等大量清洁能源，而中下游的陕西、河南、山东等省份拥有较强的产业基础，可以说，黄河流域在绿色转型发展方面资源基础夯实，发展潜力巨大。推动黄河流域资源型产业和相关制造业绿色化转型，大力发展新兴产业，走绿色、可持续的高质量发展之路，对实现"双碳"目标和全国的绿色发展意义重大。

四　扛稳国家粮食安全重任的主动选择

党的十八大以来，以习近平同志为核心的党中央把粮食安全作为治国理政的头等大事，并就粮食生产和安全多次做出重要指示批示，提出确保谷物基本自给、口粮绝对安全的新粮食安全观，牢牢把住粮食安全主动权，带领亿万人民走出了一条中国特色粮食安全之路。2023 年在全国两会期间，习近平总书记再次强调，要严守耕地红线，稳定粮食播种面积，加强高标准农田建设，切实保障粮食和重要农产品稳定安全供给。党的二十大报告对粮食安全问题给予高度关注，明确提出要全方位夯实粮食安全根基，全面落实粮食安全党政同责。黄河流域内分布有黄淮海平原、汾渭平原、河套灌区等，均为我国农产品主产区，黄河流域毫无疑问是我国重要的粮食生产基地，粮食和肉类产量占全国的 1/3 左右。2021 年，黄河流域九省区的粮食产量约为 2.39 亿吨，约占全国的 35.0%，其中，河南省和山东省的粮食产量长期居全国第二和第三位，是我国名副其实的产粮大省。黄河流域各省区作为我国粮食生产的主产区和粮食安全的重点区域，在夯实国家粮食安全根基、扛稳国家粮食安全重任方面责任重大。

五 高效率构建新发展格局的重要支撑

党的二十大报告提出以中国式现代化推进中华民族伟大复兴，强调要加快构建以国内大循环为主体、国内国际双循环相互促进的新发展格局，要求深入实施区域协调发展战略、区域重大战略、主体功能区战略，推动黄河流域生态保护和高质量发展。当前，黄河流域各省区由于地理位置、资源要素禀赋以及发展水平的差异，流域内联动基础相对薄弱，没有形成以黄河为轴、互相牵引的流域产业链，与流域外的合作联动也存在一些短板弱项。但是，黄河流域中上游省区分布着多个"丝绸之路经济带"的重要通道和节点，下游的山东更是"丝绸之路经济带"和"海上丝绸之路"的交汇区域，因此，黄河流域的外向型经济发展潜力巨大，东西双向开放前景广阔。推动黄河流域东西双向互济、陆海内外联动，加快形成内外兼顾、多向并进的流域开放新格局对"一带一路"向纵深推进及新发展格局的高效率构建意义重大。

综上所述，保护好黄河流域生态环境，筑牢黄河流域生态安全屏障，推动黄河流域高质量发展，是解决我国当前发展不平衡不充分问题的必然要求，是我国立足新发展阶段、贯彻新发展理念、构建新发展格局的必然要求，是推进中国式现代化、实现全体人民共同富裕的必然要求，对实现中华民族伟大复兴具有重大的战略意义。

第三节　文献回顾

自黄河流域生态保护和高质量发展上升为国家战略以来，学者们开展了大量针对性的研究，主要集中在黄河流域生态保护、高质量发展以及生态保护和高质量发展综合评价等方面。

一　黄河流域生态保护

学者们在黄河流域生态保护方面的研究起步较早，内容也相对比较全面，主要观点多集中于黄河流域生态功能仍然相对脆弱，在生态效率方面发展水平仍相对较低，且流域生态治理水平存在地理空间差异，应把生态保护的着力点放在解决黄河流域生态保护的刚性制约因素上。王佃利和滕蕾（2023）提出，黄河流域既往的治理结构存在功能单一、协同不足的问题，可以通过改变注意力、工作思路、组织结构开展流域生态补偿机制、合作联盟等协同实践，进而提升跨域协同成效。茹少峰和马茹慧（2022）从城市角度出发，构建了评价黄河流域生态环境脆弱程度的指标体系，并利用流域70多个城市的数据进行模型带入，得出黄河流域生态环境脆弱性存在空间相关性，且上游呈现低—低聚集、下游呈现高—高聚集、中游空间相关性不显著的结论。陈明华和岳海珺等（2021）构建 MinDS 模型测算 2004~2017年黄河流域生态效率水平，采用 Dagum 基尼系数和核密度估计方法探究其空间差异和动态演进，得出黄河流域生态效率呈现"东高西低"的空间分布格局。何爱平和安梦天等（2021）使用数据包络分析方法对黄河流域的绿色发展效率进行了评价，指出黄河流域的绿色发展效率整体处于逐渐下降的过程中，并且长期低于全国整体平均水平及其他重大国家发展战略区域。

学者们认为，黄河流域在生态保护治理方面仍存在不少问题，其中水资源的刚性短缺、水生态的健康稳定以及生态环境脆弱等是当前主要的制约因素，生态保护和生态治理仍是促进黄河流域发展的首要任务。李汝资和白昧等（2023）构建 Tapio 脱钩模型与 Kaya-LMDI 分解模型测度黄河流域水足迹变化，得出黄河流域上下游水资源量与水足迹空间分布不匹配、中下游面临更严重水资源约束的结论，并提出推动农业集约式发展来提升农业用水效率。程蕾和陈吕军等（2023）认为，水资源短缺是长期以来制约黄河流域经济发展的关键因素，基于复合生态系统理论提出了"以水定产"是黄河流域可持续水管理的核心策略，指出该策略的实施对推动流域内的经济社会与环境协同发展至关重要。罗巍和杨玄酯等（2022）对 2010~2019 年黄河流域的"水—能源—粮食"纽带关系协同演化进行实证分析及 ARIMA 预测，实证结果显示水资源约束仍是当前黄河流域最突出的难题。朱杰堂和陈阳等（2022）对黄河流域 58 个地级市的资源环境承载力进行测度，指出黄河流域的资源环境承载力状况空间分布不均衡，呈现中游城市最差、下游次之、上游最优的空间格局。王爱萍（2022）认为，黄河流域生态保护和高质量发展的先决条件是水生态系统的健康与稳定，且当前流域内山东段的生态保护和高质量短板之一就是水生态系统不牢固。周清香和何爱平（2020）认为生态环境脆弱是制约高质量发展的重要因素，应从问题的源头出发，把"共同抓好大保护、协同推进大治理"的指导思想作为基本理论指导，全面加强黄河流域生态保护。

在如何提升黄河流域生态发展水平方面，有的学者认为可以综合考量经济社会发展和生态安全两方面，在协同黄河流域生态保护和高质量发展时应筑牢绿色发展底线；有的学者提出可以基于全流域视角，以黄河流域生态安全为突破点，建立全流域生态补偿机制，提升流域整体生态环境水平。徐一恒和刘学录（2023）通过使用流域绿色 GDP 与森林面积为 DEA 模型的产出指标测算黄河流域绿色发展效率，得出样本期内黄河流域绿色 GDP 增长速度已经开始超越同期传统 GDP 增长速度，流域绿色发展效率正在逐步加强。武宵旭和任保平等（2022）利用耦合协调模型、Dagum 基尼系数等方法，探讨了黄河流域技术创新与绿色发展的耦合协调水平，认为样本期内耦合协调水平增长较为缓慢并呈现较大波动性的特征主要由低水平的绿色发展所致，应着力提升流域绿色可持续发展水平。李亚菲（2022）提出，可以通过设立全流域生态补偿基金，明确补偿主体，确立规范化的黄河生态环境保护利益评价指标体系来衡量全流域不同省区保护和创造的生态环境利益的具体数值，推动生态环境保护利益在省区间的公平公正流动，最终真正建立具有示范意义的全流域横向生态补偿机制，实现流域生态向上发展。钞小静和周文慧（2022）指出，黄河中上游西北地区的生态安全是流域高质量发展的重要基础，提出需要着手构建生态安全动力体系、生态安全压力预警体系、生态安全韧性体系、生态安全治理体系以及生态安全响应体系五重体系，以此筑牢黄河中上游的生态安全屏障。

二 黄河流域高质量发展

学者们在黄河流域高质量发展方面的研究多集中于构建评价指标体系，对流域高质量发展情况进行定量测算，定量分析结果基本为样本期内的高质量发展水平仍相对较低，结论多为流域内不同省区间的高质量发展程度存在明显差异，同一个省内不同地市的高质量发展也存在较大差距，在促进黄河流域高质量发展方面应因地施策，不可一概而论。刘娇妹和王刚等（2023）主要对黄河流域河南段的生态保护和高质量发展进行研究，构建了包含经济高质量发展、社会高质量发展、环境高质量发展的评价指标体系，指出黄河流域河南段的生态保护和高质量发展水平同流域其他省区相比处于中等位置，认为可以从水战略着手推动黄河流域河南段高质量发展。刘洋和马静（2023）从中心城市入手开展黄河流域高质量发展的研究，通过使用动态因子分析法，对流域9个中心城市的高质量发展水平进行评价，发现样本期内黄河流域中心城市的高质量发展水平较弱，且空间差异较大，上、下游高质量发展差异的马太效应逐渐显现。康艳青和李春荷等（2023）从社会发展、经济增长、生态环境和环境保护四个维度，构建城市群高质量发展评价指标体系，对黄河流域7大城市群进行综合评估，结果显示黄河流域城市群高质量发展水平整体偏低，总体呈现自西向东逐级递增，且各城市群在经济增长和生态建设维度上差异较大，在社会发展和环境保护维度上差异较小。沙德春和王茂林（2022）构建黄河流域高质量发展效率的"生态—经济—创新"三维分析框架，对样本期内流域的高质量发展效率进行综合评估，认为黄河流域九省区生态效率整体呈现下降趋势，经济效率和创新效率呈增长态势，高质量发展效率耦合协调度处于较低水平。沈路和钱丽（2022）从经济全面发展、社会协调发展、环境友好发展三个维度构建评价指标体系，也得出黄河流域中下游的高质量发展水平明显高于上游地区的结论。张中良和牛木川（2022）测算并比较了长江、黄河两流域高质量发展指数，结论之一是黄河流域经济与社会福利"脱钩"现象明显，且创新和开放发展对黄河流域影响较大，应当重点关注。相征和顾元吉（2022）以黄河流域九省区为研究对象，将高质量发展作为切入点，对黄河流域绿色经济效率进行收敛性分析，结果显示黄河流域绿色经济效率整体偏低。任保平和付雅梅等（2022）从创新发展、协调发展、绿色发展、开放发展、共享发展和安全发展六个维度构建评价体系，采用熵权 TOPSIS 法客观赋权，评价了黄河流域经济高质量发展的状态，认为黄河流域高质量发展指数平缓上升，流域整体经济发展质量逐步向好。具体来看，全流域在创新发展和安全发展方面成效显著，开放发展和协调发展是当前制约黄河流域高质量发展的主要因素。马瑞（2022）分别测算了黄河流域九省区在创新、协调、绿色、开放、共享方面的发展指数，得出山东的开放发展综合指数、四川的协调发展综合指数以及青海的绿色发展综合指数均具有绝对优势，且流域内多数省份的创新发展、绿色发展、开放发展水平呈现上升趋势，协调发展、共享发展水平呈现下降趋势，并指出当前黄河流域的高质量发展主要存在协调和共享两个方面的短板。安欣和徐硕等（2021）研究发现黄河流域高质量发展水平呈现自西向东、自上游往下游逐渐增长的格局，但近年来高质量发展指数增长基本停滞，甚至出现下降趋势。生延超和周垚（2021）通过产出密度函数构建数理模型，指出当前黄河流域经济集聚水平远低于拐点值，提出黄河流域要不断提高经济集聚水平，以实现经济高质量增长与生态保护的协同发展。韩君和杜文豪等（2021）利用熵权 TOPSIS 法测算 2017 年黄河流域高质量发展总体水平及其在绿色发展、经济发展、社会民生、文化建设、生态安全子系统的表现，指出黄河流域高质量发展综合水平较低，整体呈现"上游地区较低、中游地区一般、下游地区较高"的空间分布格局。徐辉和师诺等（2020）构建黄河流域高质量发展评价指标体系，运用熵权法对其进行测度，得出黄河流域高质量发展水平基本呈现"两边高、中间低"的空间分布特征。

除了从省级层面对黄河流域高质量发展情况进行测度评估，还有部分学者从地市层面评价黄河流域的高质量发展情况。例如闫丽洁和赵永江等（2022）构建了涵盖资源合理开发利用、生态保护、环境改善、经济发展、创新驱动、人民生活等多个方面的经济社会高质量发展系统、环境承载系统、资源承载系统三大领域的指标体系，重点测度了黄河流域河南段的高质量发展水平，结论为基于空间范畴河南不同省辖市之间的高质量发展水平差异十分显著，主要特征是以中部郑州和洛阳为龙头、北部发展水平较低。黄敦平和叶蕾（2022）科学选取了黄河流域 58 个地级市，并对其高质量发展水平进行综合评价，指出从地级市层面来看，黄河流域经济发展质量总体水平不高，且存在上、中、下游梯度递增的空间分布特征。杨玉珍和闫佳笑（2022）采用熵权 TOPSIS 法测算黄河流域九省区地市的高质量发展水平，对流域地市高质量发展的空间动态演化过程进行了展示，揭示了地区差异并对差异来源进行了细致分析，认为黄河流域各地市的高质量发展呈现稳定的俱乐部趋同特征，同时存在马太效应，在空间分布上呈现"下游高于上中游、省会城市高于周边城市"。吕德胜和王珏等（2022）基于黄河流域 77个地级市的样本数据，对数字经济、生态保护与高质量发展综合水平及耦合协调度进行测度评估，指出黄河流域数字经济、生态保护与高质量发展综合水平整体呈上升趋势。

部分学者从绿色（生态）全要素生产率的视角考察黄河流域高质量发展情况。申丹虹和刘锦叶等（2023）利用 Malmquist 指数测算了 2003～2020年黄河流域各省（区）绿色全要素生产率，发现 2003～2020 年黄河流域的绿色全要素生产率总体呈上升趋势，技术进步对绿色全要素生产率有拉动作用。邱兆林（2022）将Super-SBM模型与GML指数法相结合，测度2000~2019年黄河流域全要素生态效率，并将结果与长江经济带及全国平均水平进行横向对比分析，发现黄河流域全要素生态效率不仅低于长江经济带，甚至落后于全国水平。李凯风和李子豪（2022）将SBM模型与Malmquist指数相结合，对2008~2017年黄河流域绿色全要素生产率进行评价分析，得出样本期内上游地区绿色全要素生产率提升最为明显。毛锦凰和朱美鸿等（2021）运用SBM-ML指数模型测度2010~2019年黄河流域58个地市绿色全要素生产率，指出现阶段黄河流域创新驱动力不足，阻碍了绿色全要素生产率提升。赵康杰和刘星晨（2020）认为，黄河流域面临水资源短缺和能源富集双重困境，运用Malmquist-Luenberger（ML）指数模型测算了黄河流域2004~2017年的全要素生态效率，指出自2011年开始黄河流域生态效率迅速得到发展，并在2017年实现赶超，高于全国平均水平及长江经济带。刘华军和曲惠敏（2019）采用曼奎斯特生产率指数计算黄河流域绿色全要素生产率，并对流域动态演进特征进行分析，发现黄河流域绿色全要素生产率表现出"低增长"与"不平衡"的双重特征。

在推动黄河流域高质量发展方面，多个学者认为数字经济发展能够有效提升流域高质量发展水平。李治国和霍冉等（2023）构建了数字经济发展、能源生产率影响高质量发展的理论模型，实证建模分析得出数字经济发展具有推动黄河流域高质量发展的作用，且数字经济发展对黄河流域高质量发展的影响存在明显的"边际效应"，表现在影响并不是一成不变的，而是非线性递增的。任保平和巩羽浩（2023）从生态保护、协同治理、产业现代化等角度揭示了数字经济推动黄河流域高质量发展的相关路径，并认为在较长一段时间内，数字经济将成为推动黄河流域高质量发展的新引擎。王珏和吕德胜（2022）认为数字经济不仅可以直接促进黄河流域的高质量发展，还可以通过产业结构合理化以及产业结构高级化来持续释放高质量发展红利。田刚元和陈富良（2022）综合运用固定效应模型和中介效应模型，深入剖析数字经济发展和产业集聚对黄河流域制造业高质量发展的影响，并揭示其影响作用机制，指出数字经济能够显著作用于产业发展，以产业集聚有效推动黄河流域制造业高质量发展。宋跃刚和郝夏珍（2022）实证分析数字经济对黄河流域经济高质量发展的影响，从不同角度得出数字经济今后必然成为驱动黄河流域高质量发展新动能的趋势。王军和车帅（2022）运用内生增长数理模型厘清数字经济作用于高质量发展的机理，构建高质量发展指数进行评估，得出全流域内数字经济能够显著提升高质量发展水平，认为应因地制宜强化数字经济的高质量发展红利效应。周清香和李仙娥（2022）从动力转换、结构优化、成果共享、生态保护四个维度构建黄河流域高质量发展的综合指标体系，研究数字经济的高质量发展效应和传导机制，得出数字经济快速发展有利于推动黄河流域生态保护和高质量发展，且中下游地区高质量发展得益于数字经济的助推作用明显。

还有不少学者分别从创新协同发展、文化高质量发展、空间资源利用、城市群等多个不同角度给出了提升思路。申庆元（2023）指出要抓住黄河流域中心城市这个少数关键，流域的高质量发展离不开中心城市的高质量发展，但当前黄河流域中心城市的高质量发展水平普遍较低，从各城市看，除西宁外，中心城市的高质量发展情况呈现"上游落后、中游欠发达、下游发达"的局面，提出可以强化中心城市的高质量发展辐射带动作用。杨东阳和张晗等（2023）从产业结构合理化和产业结构高级化两个维度对流域产业发展情况进行分析，提出要通过推进产业结构转型、提升科技创新和对外开放水平等对策来促进黄河流域实现高质量发展。张安忠（2023）利用熵权 TOPSIS 法测度得出黄河流域文化高质量发展水平相对较低，认为可以通过高质量的文化发展助力流域整体的高质量发展。张学良和贾文星等（2022）基于生态环境约束，从时空耦合视角探究黄河流域高质量发展的驱动因素是创新发展，认为在生态优先的定位下，黄河流域高质量发展需要实施创新驱动战略以加快产业转型升级，进而助推流域实现高质量。李梦程和李琪等（2022）利用探索性空间分析和地理加权回归模型剖析了黄河流域人地协调高质量发展时空演变及其影响因素，同样认为科技创新是驱动黄河流域人地协调高质量发展的关键，应大力增强流域省份的科技创新能力。王静和刘晶晶等（2022）以高质量发展为导向，基于"压力—状态—响应"关系，搭建黄河流域高质量发展的生态保护与国土空间利用策略研究框架，并提出面向黄河流域高质量发展的生态保护与国土空间利用策略。哈梅芳和周涛（2022）构建中介效应模型和门槛模型，研究了财政分权对黄河流域生态保护和高质量发展的影响，提出可以通过强化财政分权来强化其对高质量发展的正向影响。王兆华和邹朋宇等（2022）认为，水资源短缺且分布不均制约了当前我国以能源和重工业为主导的经济发展，而区域协同发展布局和产业绿色低碳转型是实现区域经济高质量发展的必然要求，并从"经济—能源—水"耦合视角提出黄河流域上中下游协同发展路径。陈岩和赵琰鑫等（2022）分别从落实生态环境分区管控、推进产业绿色发展、推进降污降碳等方面提出了推动黄河流域高质量发展的实践路径。陈明华和王哲等（2022）基于空间和结构视角分析黄河流域高质量发展不平衡不充分的原因，指出创新性发展差异是黄河流域高质量发展不平衡的主要成因，除此之外还分别受到共享性、持续性差异的较大影响，应注重增强流域相关省份的创新驱动能力，推动流域民生共建共享与创新协同发展。海本禄和常鹏宇等（2022）运用空间杜宾模型，对黄河流域城市高质量发展的创新要素流动影响机制进行分析，指出创新要素流动对城市高质量发展水平具有显著的正向影响，且技术创新效应与产业结构升级效应是其主要途径。郝金连和王利等（2022）以黄河流域市级单元为研究对象测度黄河流域的高质量发展水平，并利用 ESDA 法分析流域高质量发展空间关联和格局演化特征，指出城市群仍是未来推动黄河流域高质量发展的重点区域，应该重点关注。杨丹和常歌等（2020）认为黄河流域当前面临经济增速放缓、内部发展不平衡、产业层次偏低且重工业化明显等问题，需要强化支撑，构建现代化产业体系，增强产业联动，以加快推动黄河流域经济高质量发展。

三　黄河流域发展综合评价

在黄河流域生态保护与高质量发展综合评价方面，相关研究主要集中于利用统计模型进行定量研究，耦合协调分析及数据包络分析等是现阶段使用较多的实证分析方法，结论多认为黄河流域生态保护和高质量发展是协调统一的，从时间序列角度看，协调度呈上升发展趋势，同时流域不同省区综合发展水平存在差异，下游及中游综合发展情况相对更好。韩东芳和沈景绪（2022）利用2011~2019年沿黄九省区生态维度和高质量发展维度的不同指标相关数据，分析样本期内黄河流域生态保护与高质量发展的耦合协调程度，得出黄河流域的生态保护指数与高质量发展指数的变化趋势相同，均呈上升发展态势，且总体来说排序依次为下游、中游、上游。张伟丽和王伊斌等（2022）构建综合评价指标体系，利用2010~2018年黄河流域75个地级市的面板数据进行评价，指出黄河流域各地级市生态保护与经济高质量发展耦合协调存在较明显的网格关系，下游及部分中游地级市在网络中发挥着领导作用，形成主受益、经纪人、净溢出及双向溢出四大板块。杨慧芳和张合林（2022）指出黄河流域生态保护和高质量发展之间的耦合以同向为主，具体来看，高质量发展快于生态保护，协调的增长领域尚不明显。孙斌和徐渭等（2022）以城市群为研究对象，构建城镇化与生态保护评价指标体系，揭示黄河流域高质量发展的内涵，并分析了城市群城镇化与生态保护耦合协调状况，得出黄河流域城市群城镇化与生态保护耦合协调度总体呈上升趋势的结论。孙久文和崔雅琪等（2022）分析黄河流域7个城市群的生态保护与经济发展耦合协调时空特征与驱动机制，得出黄河流域上游城市群的协调度低于中下游，整体协调度提升至良好协调的结论。韩君和韦楠楠等（2022）研究了黄河流域生态保护和高质量发展的协同作用机制，对二者的协同性讨论由定性分析转向定量研究，结论为黄河流域生态保护和高质量发展目前来看仍然不相协调，一直处在耦合度高、协同度低的低水平耦合阶段，且甘肃的耦合度最高、协同度最低，山东的协同度最高。陈少炜和肖文杰（2022）采用耦合协调度模型计算黄河流域各省（区）的高质量发展与生态福利绩效耦合协调度，结论认为样本期内黄河流域各省（区）高质量发展水平和生态福利绩效差异显著，下游地区较高、中上游地区较低。张雪薇和杜凤莲等（2022）构建了包含生态、经济、能源、科技在内的综合评价指标体系，全面衡量黄河流域生态保护和高质量发展情况，结果显示，黄河流域多数省份经济、能源、生态、科技发展水平呈现波动上升趋势，其中河南、四川综合发展水平上升幅度大于流域其他省份。赵金辉和田林等（2022）认为黄河流域四元系统耦合协调度在时空上具有显著的阶段性和不平衡性，耦合协调度中上游较高而下游最低，但在研究后期，差异逐渐缩小。张力隽和王余枫等（2022）采用极差变化法、熵权法和耦合协调度模型，对黄河流域资源、环境、经济三个子系统及其复合系统耦合协调状况进行综合评价，指出黄河流域资源、环境、经济耦合协调状态不断改善，于2011年实现了由轻度失调到濒临失调的良好过渡，但目前耦合协调水平仍然很低，各子系统间发展不协调，尤其环境对经济发展的制约问题突出。孙继琼（2021）构建黄河流域生态保护与高质量发展耦合协调评价指标体系，测度二者耦合协调度，评价结果显示，黄河流域生态保护与高质量发展呈现"先下降后上升"的演化态势，耦合关系处于拮抗阶段。宁朝山和李绍东（2020）采用复杂系统耦合协同度模型测算黄河流域生态保护和高质量发展的协同度，指出黄河下游地区生态保护、经济发展以及两者协同度均明显优于中上游地区，建议建立跨区域互动合作和协同治理机制，实现上中下游地区协调发展。

除了运用耦合协调理论，学者们还采用其他方法对黄河流域生态保护和高质量发展进行综合分析。如黄仁全（2022）基于系统论分别构建了包含经济发展、科技创新和生态环境三个维度的高质量发展评价指标体系，得出黄河流域高质量发展呈现"东高西低，南高北低"的局面，并指出当前生态环境是制约黄河流域高质量发展的关键问题。徐福祥和徐浩等（2022）运用熵权TOPSIS模型进行定量分析，得出黄河流域生态保护和高质量发展治理水平整体上还较低，且各省区之间差异较大，流域经济社会发展与生态保护治理不平衡、不协调问题比较突出。任保平和裴昂（2022）通过计算黄河流域九省区的科技创新发展指数，分析得出黄河流域科技创新发展质量的异质性与科技创新对流域不同省份经济高质量发展驱动效应存在差异，他们认为当前科技创新仍然是黄河流域生态保护和高质量发展的根本支撑。高国力和贾若祥等（2022）运用熵权法构建黄河流域生态保护和高质量发展评价指标体系，指出 2013 年以来，黄河流域生态保护水平提升幅度大，进展速度快，但是高质量发展的推进相对缓慢，高质量发展的成效不够显著。许广月和薛栋（2021）通过深度剖析高水平生态保护驱动黄河流域高质量发展的逻辑机制，认为从高水平的生态保护着手来驱动黄河流域的高质量发展，是黄河流域实现高质量发展目标的关键切入点。刘琳轲和梁流涛等（2021）利用面板 VAR 模型定量考察黄河流域生态保护与高质量发展的交互响应关系，认为黄河流域的生态保护指数略高于全国平均水平，但低于长江经济带，高质量发展指数和耦合协调度都低于全国平均水平，与长江经济带的差距更大。刘建华和黄亮朝等（2020）采用"单指标量化—多指标综合—准则集成"方法，定量评估黄河流域生态保护和高质量发展协同度，认为在其指标体系内，流域经济高质量发展和人民生活幸福子系统提升明显，而生态环境健康与人水和谐共生子系统发展速度相对较慢。石涛（2020）运用社会网络分析法研究黄河流域生态保护与经济高质量发展耦合协调度及空间网络效应，指出流域空间关联存在异质性、脆弱性及趋同性。刘轩志和赵文莉（2019）运用数据包络分析法对样本期间黄河流域九省区的生态效率进行测算，结果显示流域生态效率总体上升，但各省区之间差异明显，西部区域最低，流域整体经济发展与生态不平衡。

在推动黄河流域生态保护和高质量整体发展方面，还有一些专家学者创新性地从用地角度给出了提升思路。郭远智和李许红（2023）分析了黄河流域城市建设用地对地区高质量发展的驱动机制，认为推动城市建设用地的结构优化有利于黄河流域生态保护和高质量发展战略的落实。刘彦随和夏军等（2022）基于人地系统协调，指出促进黄河流域生态环境保护和高质量发展可以通过全面构建黄河流域资源能源节约与集约利用技术体系等方式进行。

通过对相关文献进行梳理，可以看到学者们在黄河流域生态保护和高质量发展领域已经取得了较为丰富的理论成果，但是在综合指数评价方面多集中于利用耦合协调度模型对流域发展情况进行整体测算。本书在相关研究的基础之上，利用党的十八大以来的数据对黄河流域的综合发展指数、生态保护指数及高质量发展指数进行测评，利用更加客观、合理、科学的反熵权法、序关系分析法和综合权重法等多种方法得到综合权重，运用修正的耦合协调度模型对黄河流域九省区的总体演变态势及时空特征进行综合分析，并在结合障碍度模型对黄河流域进行系统的障碍因素分析的同时，针对性地找出流域内不同省区的主要制约因素，进而提出精准优化提升黄河流域发展指数的对策建议，为今后学者的研究提供一些理论和实践依据。

第四节　测评体系

一　理论基础

1.生态经济学理论

经济学家 Robert Costanz 在 1978 年首次提出生态经济学的概念，他认为生态经济学不同于以往人们所熟知的任何一门学科，是一门在更广范围内讨论生态系统和经济系统二者关系的学科。生态经济学主要强调人们在社会经济活动中与其带来的资源以及环境变化之间的相互关系。生态经济学基于经济系统和生态系统的矛盾运动，更加突出人类经济社会活动与生态环境的协调和可持续发展，并力求揭示经济、生态、社会和自然组成的综合大系统的内在联系及发展规律，探索内部各子系统之间和谐发展的途径，最终在经济发展和生态环境保护之间寻求一种动态平衡。生态经济的研究主体是生态经济系统，指由生态系统和经济系统相互作用、相互交织、相互渗透而形成的具有一定结构和功能的复合系统。生态经济学主要包括三个方面的内容：一是保证经济增长和良好生态环境之间的可持续性；二是基于复杂系统来研究生态经济相关问题；三是着力实现经济系统和生态系统协调发展的理想模式。

当前我国经济社会发展进入新的历史方位，但我国是发展中国家的基本国情并未改变，在推动经济高质量发展的同时，需要加强对生态环境的保护，黄河流域生态保护和高质量发展正是生态经济学理论的体现。党的二十大报告指出，我们要全方位、全地域、全过程加强生态环境保护，坚定不移走生产发展、生活富裕、生态良好的文明发展道路，同时指出要促进区域协调发展，推进京津冀协同发展、长江经济带发展、长三角一体化发展，推动黄河流域生态保护和高质量发展。黄河流域在追求经济高质量发展的同时，更需要统筹考虑人口、环境和资源等各方面的因素，不仅要提高流域发展质量，还需要考虑流域生态经济的可持续，因此，发展绿色生态经济是黄河流域经济高质量发展的必然选择。

2. 高质量发展理论

2017 年，党的十九大报告首次明确提出高质量发展的新表述，指出我国经济已由高速增长阶段转向高质量发展阶段，"建立健全绿色低碳循环发展的经济体系"为新时代下的高质量发展指明了方向，同时也提出了一个极为重要的时代课题。2017 年中央经济工作会议再次指出，高质量发展是体现新发展理念的发展，是创新成为第一动力、协调成为内生特点、绿色成为普遍形态、开放成为必由之路、共享成为根本目的的发展。2020年，党的十九届五中全会强调，新时代新阶段的发展必须贯彻新发展理念，必须是高质量发展。2022 年，党的二十大报告更是将高质量发展作为全面建设社会主义现代化国家的首要任务。高质量发展的根本在于经济的活力、创新力和竞争力，而这些都与绿色发展紧密相连，密不可分。离开绿色发展，经济发展便丧失了源头活水，经济发展的创新力和竞争力也就失去了根基和依托。高质量发展是以质量和效益为主要价值取向的发展，推动高质量发展，既是遵循经济社会发展规律的必然要求，也是保持我国经济持续健康发展的必然要求，更是以中国式现代化推进实现中华民族伟大复兴的必然要求。

黄河流域是贯彻新发展理念、构建新发展格局、推动高质量发展的重要实践地。以黄河流域的高质量发展助力全国的高质量发展，不仅是贯彻新发展理念的具体体现，而且是适应我国当前社会主要矛盾变化的必然要求，更是我们建设现代化经济体系、实现中国式现代化的必由之路。

3. 耦合协调发展理论

"耦合"起初是物理学概念，是指两个甚至两个以上的体系通过相互作用、互相影响，最后联合起来共同作用的现象。随着时间推移和相关理论不断发展，耦合理论被广泛运用到社会经济问题的研究中。美国学者维克于1976年首次用耦合理论解释了学校成员间的关系，将耦合理论运用到社会经济学范畴。国内学者吴大进和曹力等（1990）著有《协同学原理和应用》，将耦合理论应用在国内经济管理学中。蔡漳平和叶树峰（2011）在《耦合经济》一书中提出了运用以耦合为主要创新手段的多种创新方法，认为耦合可以解决当前人类社会面临的可持续发展问题，并给出基本思路，即通过耦合人类社会活动与自然系统的关系，可以在一定程度上解决当前存在的人与自然不和谐等矛盾。

系统耦合理论具有组织性、协同性和可度量性等特点，在探究金融聚集、高技术产业聚集以及区域经济发展等方面的应用相对广泛，在探究两个经济现象之间的协同关系等方面也具有较好的适用性。黄河流域的生态保护与高质量发展之间存在类似的耦合机制，基于黄河流域生态保护和高质量发展之间的耦合关系，可以从耦合协调的视角对两者的关系进行定量测度，进而从耦合角度提出促进黄河流域生态保护和高质量发展协调推进的对策建议，使本书的研究更具针对性和实用价值。

二　指标体系

1. 指标选取原则

遵循科学性、可操作性、典型性、可比性、动态性等原则选取指标，避免指标内涵重叠，尽量少选取总量指标，确保黄河流域各省区之间可以横向比较。

（1）科学性

衡量黄河流域生态保护和高质量发展的指标较多且门类复杂，因此在构建评价指标体系过程中所选择的指标必须具有完备的科学性。遵循科学性原则就是在整体把握生态环境保护与高质量发展的基础上，全面剖析和理解黄河流域生态保护和高质量发展的时代内涵，准确收集各类指标数据，客观、真实、严谨地反映黄河流域生态保护和高质量发展的实际情况与存在的问题。

（2）可操作性

可操作性即数据的可获得性，若构建的黄河流域生态保护和高质量发展评价指标体系可操作性不强，后续的评价、测度就无从谈起。选取指标时既要兼顾整体的时序性和空间的对比性，也要考虑指标的可获得性，应优先选取国家或者地方相关部门发布的官方数据，包括国家和黄河流域九省区的统计年鉴、年度公报、相关行政部门发布的年鉴和公报等，以及大型经济数据库平台、网络公开资料等，并且指标不涉及主观评价，以保证指标数据的可信性与客观性。

（3）典型性

在选取黄河流域生态保护和高质量发展的评价指标时，应针对黄河流域的流域特色、地域特征、发展现状，选取有针对性、有特色的指标，对黄河流域生态保护和高质量发展情况进行系统、全面、深入反映，避免与其他区域的评价指标体系雷同。

（4）可比性

由于黄河流域各省区之间的发展基础、资源禀赋和地理位置等差异较大，在指标选取过程中为了减少绝对指标和存量指标波动变化对测算的综合评价指数造成的影响，在指标选取的过程中，尽量选择相对指标来评价黄河流域生态保护和高质量发展的水平，以增强评价结果的可比性。

（5）动态性

由于数据收集的时效性，本研究的时间区间是 2012~2021 年，即党的十八大至党的二十大期间。研究时需要注重整体的时序以及空间的对比，而且二者是持续动态变化的，因此，在选取指标时要确保所选指标能清晰地把这种动态性表现出来。

2.指标体系构建

基于新发展理念和习近平生态文明思想，本研究报告从生态保护和高质量发展两个子系统（准则层）以及资源利用、环境治理、生态质量、创新发展、协调发展、开放发展和共享发展 7 个维度（维度层）出发，构建了包含 40 个指标的黄河流域综合评测体系。为了避免指标内容重叠，将新发展理念中的绿色发展融入生态保护子系统，从资源利用、环境治理、生态质量 3 个维度共选择 18 个指标反映黄河流域生态环境保护情况，以新发展理念中的创新发展、协调发展、开放发展、共享发展 4 个维度选择 22 个指标反映黄河流域高质量发展情况，具体指标如表 1-1 所示。

表 1-1　黄河流域发展指数综合测评指标体系

系统层	准则层	维度层	指标层	指标单位	指标属性
黄河流域发展指数	生态保护	资源利用	单位 GDP 电耗 x_1	千瓦·时/万元	负向
			人均用电量 x_2	万千瓦·时/人	负向
			人均用水量 x_3	米³/人	负向
			万元 GDP 用水量 x_4	吨/万元	负向
			万元农业 GDP 水耗 x_5	吨/万元	负向
			城市土地集约利用 x_6	人/公里²	正向
		环境治理	单位 GDP 化学需氧量排放量 x_7	吨/亿元	负向
			单位 GDP 氨氮排放量 x_8	吨/亿元	负向
			单位 GDP 二氧化硫排放量 x_9	吨/亿元	负向
			单位 GDP 氮氧化物排放量 x_{10}	吨/亿元	负向
			工业固体废弃物综合利用率 x_{11}	%	正向
			城市生活垃圾无害化处理率 x_{12}	%	正向
			工业污染治理投资占工业增加值比重 x_{13}	%	正向
		生态质量	森林覆盖率 x_{14}	%	正向
			城市人均公园绿地面积 x_{15}	平方米	正向
			自然保护区占辖区面积比重 x_{16}	%	正向
			地表水达到或好于Ⅲ类水体比例 x_{17}	%	正向
			地级及以上城市空气质量优良天数比例 x_{18}	%	正向

续表

系统层	准则层	维度层	指标层	指标单位	指标属性
黄河流域发展指数	高质量发展	创新发展	R&D 经费投入强度 x_{19}	%	正向
			R&D 人员投入强度 x_{20}	%	正向
			每万人发明专利授权量 x_{21}	项	正向
			技术市场成交额占 GDP 比重 x_{22}	%	正向
			新产品销售收入占工业增加值比重 x_{23}	%	正向
		协调发展	常住人口城镇化率 x_{24}	%	正向
			农业产业劳动生产率 x_{25}	万元/人	正向
			第三产业增加值占 GDP 比重 x_{26}	%	正向
			城乡居民可支配收入比(农村=1)x_{27}	—	负向
			城乡居民人均消费支出比(农村=1)x_{28}	—	负向
		开放发展	市场化指数 x_{29}	—	正向
			外贸依存度 x_{30}	%	正向
			人均进出口值 x_{31}	万元	正向
			外资开放度 x_{32}	%	正向
			对外投资占 GDP 比重 x_{33}	%	正向
		共享发展	人均 GDP x_{34}	元	正向
			人均公共预算支出 x_{35}	元	正向
			互联网普及程度 x_{36}	户/人	正向
			每千人口卫生技术人员 x_{37}	人	正向
			每万人拥有公共交通车辆 x_{38}	标台	正向
			人均拥有公共图书馆藏量 x_{39}	册	正向
			初中阶段生师比(教师人数=1)x_{40}	—	负向

3. 具体指标解释

（1）资源利用（C_1）

能源、土地和水是重要的发展资源。选取单位 GDP 电耗、人均用电量反映能源利用情况；参照习近平总书记提出的"四水四定"思路，选取人均用水量、万元 GDP 用水量、万元农业 GDP 水耗反映水资源利用情况；选取城市土地集约利用反映土地利用情况。单位 GDP 电耗指全社会用电量与 GDP 总量之比，人均用电量指全社会用电量与年末平均人口之比，人均用水量指用水量与年末平均人口之比，万元 GDP 用水量指用水量与 GDP 总量之比，万元农业 GDP 水耗指用水量与第一产业 GDP 总量之比。

（2）环境治理（C_2）

水、大气和污染物治理是环境治理的重中之重，污染物的排放是造成生态破坏的主要原因。黄河流域是我国重要的化工基地，污染物的排放量较大。化学需氧量、氨氮含量是衡量水治理的重要指标，选取单位 GDP 化学需氧量排放量、单位 GDP 氨氮排放量反映水治理情况；二氧化硫、氮氧化物是衡量大气治理的重要指标，依据碳中和碳达峰目标，选取单位 GDP 二氧化硫排放量和单位 GDP 氮氧化物排放量反映大气治理情况；选取工业固体废弃物综合利用率、城市生活垃圾无害化处理率、工业污染治理投资占工业增加值比重反映污染物循环利用情况。单位 GDP 化学需氧量排放量、单位 GDP 氨氮排放量、单位 GDP 二氧化硫排放量和单位 GDP 氮氧化物排放量分别指化学需氧量排放量、氨氮排放量、二氧化硫排放量和氮氧化物排放量与 GDP 总量之比，工业污染治理投资占工业增加值比重指工业污染治理投资与规上工业增加值之比。

（3）生态质量（C_3）

在环境治理的同时，进行生态修复等生态建设必不可少，必须对生态质量进行衡量，本书选取了水、大气、生态三个方面。参考全面建成小康社会评价指标体系，选取森林覆盖率、城市人均公园绿地面积和自然保护区占辖区面积比重反映生态保护和修复情况，选取地表水达到或好于Ⅲ类水体比例来反映水质量情况，选取地级及以上城市空气质量优良天数比例来反映空气质量情况。其中，城市人均公园绿地面积指城市公园绿地面积与城市人口之比，自然保护区占辖区面积比重指自然保护区面积与辖区面积之比。

（4）创新发展（C_4）

党的二十大报告强调，"创新是第一动力"。根据创新价值链理论，创新活动可分为创新投入和创新成果两个阶段，创新活动的价值在于实现两个阶段之间的转化、发挥创新成果的市场价值、实现技术商业化，进而成为推动经济高质量发展的动力。本书从创新投入和创新产出两个方面选择指标反映黄河流域九省区的创新发展，选择 R&D 经费投入强度和 R&D 人员投入强度代表创新投入，选择每万人发明专利授权量、技术市场成交额占 GDP 比重、新产品销售收入占工业增加值比重代表创新产出。其中，R&D 经费投入强度指 R&D 经费与 GDP 总量之比，R&D 人员投入强度指 R&D 人员与就业人员之比，技术市场成交额占 GDP 比重指技术市场成交额与 GDP 总量之比，新产品销售收入占工业增加值比重指新产品销售收入与规上工业增加值之比。

（5）协调发展（C_5）

协调发展是经济高质量发展的核心要素，而城乡协调发展和产业协调发展又是协调发展的重要组成部分，所以从产业协调和城乡协调两方面选择指标反映黄河流域九省区的协调发展，选择常住人口城镇化率、农业产业劳动生产率、城乡居民可支配收入比、城乡居民人均消费支出比反映城乡协调，选择第三产业增加值占 GDP 比重反映产业协调。其中，常住人口城镇化率指城镇人口与全部人口之比，城乡居民可支配收入比指城镇居民可支配收入与农村居民可支配收入之比，城乡居民人均消费支出比指城镇居民人均消费支出与农村居民人均消费支出之比。

（6）开放发展（C_6）

开放发展是经济高质量发展的必由之路。国际间交流最频繁的是投资和贸易，所以选择市场化指数反映市场经济建设情况，选择外贸依存度和人均进出口值反映贸易开放度，选择外资开放度、对外投资占 GDP 比重反映投资开放度。其中，外贸依存度指进出口总额与 GDP 总量之比，人均进出口值指进出口总值与年末平均人口之比，外资开放度指实际利用外资总额与 GDP 总量之比，对外投资占 GDP 比重指对外直接投资总额与 GDP 总量之比。

（7）共享发展（C_7）

共享发展是经济高质量发展的根本目的，其基本内涵是发展成果惠及全体人民，包括人民关心的医疗、教育、互联网和交通等显性共享成果，也包括政府财政支出、经济发展水平等隐性共享成果，所以选择互联网普及程度、每千人口卫生技术人员、每万人拥有公共交通车辆、人均拥有公共图书馆藏量和初中阶段生师比（教师人数=1）反映显性共享成果，选择人均 GDP、人均公共预算支出反映隐性共享成果。其中，初中阶段生师比指初中在校生人数与初中教师人数之比，人均 GDP 指 GDP 总量与年末平均人口之比，人均公共预算支出指公共预算支出与年末平均人口之比。

4. 指标数据来源

本书指标所选取的时间为 2012~2021 年，数据主要来源于对应年份的《中国统计年鉴》、《中国科技统计年鉴》、《中国环境统计年鉴》、《中国城市统计年鉴》、《中国分省份市场化指数报告》、《中国对外直接投资统计公报》与国民经济和社会发展统计公报，以及沿黄九省区统计年鉴、沿黄九省区生态环境状况公报等。其中，2021 年 R&D 人员数据是基于 2016~2020 年数据运用灰色预测模型 DGM（1，1）预测得到。

5. 指标体系检验

为了确保黄河流域发展指数综合测评指标体系的可靠性，本书选用克朗巴哈系数（Cronbach's Alpha）对指标体系进行信度检验。检验计算公式为：

$$\alpha = \frac{h \times \gamma}{1 + (h - 1) \times \gamma}$$

式中，α 为克朗巴哈系数，是指标之间内在一致性评估系数，取值范围为 0~1；$\alpha \leqslant 0.6$，一般认为指标体系内部一致信度不足，需要重新设计指标体系；$0.6 < \alpha \leqslant 0.7$，意味着指标体系虽然存在一定的问题，但仍然具有参考意义，勉强可以接受；$0.7 < \alpha \leqslant 0.8$，表示指标体系具有相当的信度，是可以接受的；$0.8 < \alpha$，表明指标体系信度非常好。$h$ 为评估体系中的指标数量；γ 为 h 个指标之间相关系数的均值。指标间相关系数矩阵见附录 2。

由于指标数据存在不同的量纲，为了避免异质性量纲给测度结果造成干扰，本书先将指标数据进行标准化处理，然后运用 SPSS 软件进行信度检验。结果如表 1-2 所示。

表 1-2 信度检验表（可靠性统计表）

Cronbach's Alpha	基于标准化项的 Cronbach's Alpha	h
0.866	0.872	40

表 1-2 显示信度系数大于 0.8，整体而言，黄河流域发展指数综合测评指标体系的内在信度比较理想，确保了测度结果的高可靠性。

三　评估方法

1. 指标数据的标准化

黄河流域发展指数由 40 个四级指标组成，指标间量纲及系统评价指向不同，需要对各指标数据进行标准化处理，以消除量纲影响。

对于正向指标：$a_{ij}=\dfrac{x_{ij}-x_{j\min}}{x_{j\max}-x_{j\min}}$

对于负向指标：$a_{ij}=\dfrac{x_{j\max}-x_{ij}}{x_{j\max}-x_{j\min}}$

式中，a_{ij}——原始指标标准化后的数值；

$\quad\quad x_{ij}$——指标原始数据；

$\quad\quad x_{j\min}$——原始指标最小值；

$\quad\quad x_{j\max}$——原始指标最大值。

2. 指标组合赋权方法

权重是刻画指标在评价体系中相对重要程度的标尺。目前，常用的确定权重的方法有主观赋权法、客观赋权法以及组合赋权法三种类型。常用的主观赋权法主要有层次分析法（AHP）、德尔菲法、G2 法、序关系分析法等。客观赋权法主要有主成分分析法、粗糙集、熵权法、标准离差法、CRITIC（Criteria Importance Through Intercriteria Correlation）法、复相关系数法、灰色关联度法、坎蒂雷赋权法等。组合赋权法从类型组合上可以划分为三类，即主观赋权法之间的组合、客观赋权法之间的组合以及主客观赋权法之间的组合；从计算方法上可以划分为指数组合赋权法、加法组合赋权法和乘法组合赋权法等。

主观赋权法的优点是简单易行，弊端是人为因素较强，受评估者的专业素养影响较大；客观赋权法的优势在于可以避免人为的主观性，用数据说话，不足之处同样比较明显，即受数据波动和样本数量的影响较大。因此，相对合理的做法是将主观赋权法与客观赋权法结合起来的组合赋权法，可以兼顾两种方法的优点，消除两种方法的不足。在本书中，先运用反熵权法确定指标客观权重，再运用序关系分析法确定指标的主观权重，最后运用"乘法"集成法得到组合权重。

（1）反熵权法

传统熵权法（Entropy）在对权重赋值时会因为指标差异程度敏感性较大而产生过大或者过小的极端权重。熵权法求权重时会出现取对数的情况，这就要求指标标准化后的数据必须大于零，否则无意义。常见的应对方法主要有四种：一是对标准化后的指标数据进行平移变换（孙利娟，邢小军，周德群，2010；杜赛花，李镇南，赖志杰，2020）；二是直接令标准化值为0的指标其标准化值与对数值的乘数为0（张军以，苏维词，张婕，2011）或者用0.00001代替（黄鹏，郭闽，兰思仁，2015）；三是采用线性比例变换法进行指标标准化（黄国庆，王明绪，王国良，2012）；四是运用功效系数法对指标进行无量纲化处理（石薛桥，齐晓秀，2016；吴翔凌，梁兆国，2018）。对于平移法，目前尚未就到底平移多少个单位才是最优达成一致意见，不同研究人员有不同的选择，比如平移1个单位（李创新，马耀峰，李振亭，2007）、平移2.5个单位（吴俊强，骆华松，陈长瑶等，2014）、平移5个单位（谭婧，陶小马，陈旭，2012），由于平移的单位数量受个人偏好影响，导致许多改进的熵权法已经演变为非完全意义的客观赋权法。第二种情况的人为特征尤为显著，对权重的确定不可避免产生影响。运用功效系数法和线性比例变换法对指标进行标准化处理，会明显降低原有指标数据的信息熵，进而对指标权重产生影响。

为避免传统熵权法的弊端，本书使用反熵权法（Ant-Entropy）来确定指标的客观权重。反熵权法是基于"差异驱动"原理的一种赋权方法，主要原理是利用数据局部差异来确定指标权重系数，避免主观赋权法的人为弊端。具体来说，反熵权法是一种根据各项指标观测值所提供的信息量大小来确定指标权重的方法。该方法求权重的基本步骤如下。

首先，计算指标反熵值：

$$\psi_i = -\sum_{j=1}^{m} q_{ij} \times \ln(1 - q_{ij})$$

$$q_{ij} = \frac{a_{ij}}{\sum_{j=1}^{m} a_{ij}}$$

式中，Ψ_i——指标反熵值；

　　　q_{ij}——中间变量；

　　　a_{ij}——指标标准化后的数值。

其次，根据反熵值计算出各指标的客观权重 λ_i：

$$\lambda_i = \frac{\psi_i}{\sum_i \psi_i}$$

（2）序关系分析法

序关系分析（Order Relation Analysis，ORA）法是一种直观便捷的指标权重确定方法，与层次分析法相比，ORA 法的突出特色是兼有层次分析法的优点，同时无须构建判断矩阵，省去了一致性检验步骤，减少了计算量。运用 ORA 法确定指标主观权重的步骤如下。

首先，根据评价目标对指标 x_i 从高到低进行重要性排序，从而得到指标之间的序关系：

$$x_1^* > x_2^* > \cdots > x_{m-1}^* > x_m^*$$

然后，根据表 1-3 确定指标 x_{k-1} 与 x_k 之间相对重要系数 r_k：

$$r_k = \frac{p_{k-1}}{p_k}, k = m, m-1, \cdots, 3, 2$$

表 1-3　r_k 的赋值参考

r_k	说明
1.0	指标 x_{k-1} 与指标 x_k 同等重要
1.2	指标 x_{k-1} 比指标 x_k 稍微重要
1.4	指标 x_{k-1} 比指标 x_k 明显重要
1.6	指标 x_{k-1} 比指标 x_k 强烈重要
1.8	指标 x_{k-1} 比指标 x_k 极端重要

最后，计算得到指标的权重：

$$p_m = \left(1 + \sum_{k=2}^{m} \prod_{i=k}^{m} r_i\right)^{-1}$$

（3）综合权重

由于反熵权法得到的权重具有客观性特点，而 ORA 法得到的权重又具有主观性特征，因此将权重确定方法改进为 ORA-反熵权法，得到综合权重，弥补了单独使用主观赋权法或客观赋权法的缺陷，使评价结果更符合决策需求。

计算公式如下：

$$w_i = \frac{(p_i)^{\alpha} \times (\lambda_i)^{\beta}}{\sum_{i=1}^{n} (p_i)^{\alpha} \times (\lambda_i)^{\beta}}$$

式中，w_i——第 i 项指标 ORA-反熵权法权重；

　　　λ_i——第 i 项指标反熵权法的权重值；

　　　p_i——第 i 项指标 ORA 法得到的权重值；

　　　α——主观权重的影响系数，$0 \leqslant \alpha \leqslant 1$；

　　　β——客观权重的影响系数，$0 \leqslant \beta \leqslant 1$；

　　　$\alpha + \beta = 1$。

3. 发展指数评价模型

此次测评采用数据驱动模型进行逐级评估。四级指标权重 w_i 是第 i 项指标的 ORA-反熵权法权重，将各指标权重 w_i 与对应的标准化值 a_{ij} 进行相乘后累加求和，就可以获得三级指标发展指数 G_j：

$$G_j = \sum_{i=1}^{n} w_i a_{ij}$$

二级指标发展指数 B_j 计算如下：

$$B_1 = \sum_{j=1}^{3} \mu_j G_j$$

$$B_2 = \sum_{j=4}^{7} \mu_j G_j$$

式中，B_1——生态保护子系统发展指数；

B_2——高质量发展子系统发展指数；

μ_j——第 j 个指标所属维度层权重。

各省区综合发展指数计算公式如下：

$$A = \sum_{j=1}^{2} \eta_j B_j$$

式中，A——各省区综合发展指数；

η_j——第 j 个子系统权重；

B_j——第 j 个子系统发展指数。

4. 耦合协调度评价模型

王淑佳和孔伟等（2021）的研究表明，传统耦合协调度模型一方面会导致耦合度的效度降低，另一方面使计算出来的耦合协调度主要依赖系统本身的发展程度，弱化了系统协调水平的作用，最终导致耦合协调度难以充分体现自身测度的价值及意义。因此，本研究采用修正的耦合协调度模型测度黄河流域生态保护与高质量发展两个子系统之间的耦合协调发展水平。

传统的耦合度模型如下：

$$C = \left[\frac{\prod_{i=1}^{n} U_i}{\left(\frac{1}{n} \sum_{i=1}^{n} U_i \right)^n} \right]^{\frac{1}{n}}$$

修正的耦合度模型如下：

$$C = \sqrt{\left[1 - \frac{\sum_{i>j,j=1}^{n} \sqrt{(U_i - U_j)^2}}{\sum_{m=1}^{n-1} m} \times \left(\prod_{i=1}^{n} \frac{U}{\max U_i} \right)^{\frac{1}{n-1}} \right]}$$

$$T = \sum_{i=1}^{n} \varphi_i U_i$$

$$\sum_{i=1}^{n} \varphi_i = 1$$

$$D = \sqrt{C \times T}$$

式中，C——子系统之间的耦合度，反映子系统之间的耦合互动情况；

　　　U——子系统发展指数；

　　　φ_i——第 i 个子系统的贡献份额；

　　　T——子系统综合发展指数；

　　　D——子系统之间的耦合协调度。

C 与 D 的评判划分标准见表1-4和表1-5。C 值越大，子系统间离散程度越小，耦合度越高；反之，子系统间耦合度越低。

表1-4　耦合度类型判断标准

耦合度	耦合类型和阶段	发展特征
$C=0$	无耦合，萌芽阶段	各子系统均处于无序发展阶段，系统间无明显耦合关联性
$0<C\leqslant0.3$	低度耦合，成长阶段	各子系统均处于低水平发展阶段，系统间耦合关联性较小
$0.3<C\leqslant0.7$	中度耦合，发展阶段初期	子系统间开始逐渐进入拮抗、磨合、互补等良性耦合阶段
$0.7<C<1.0$	高度耦合，发展阶段中后期	各子系统均高效发展，进入共融、共生的高水平耦合阶段
$C=1$	良性共振，理想发展状态	各子系统间以及整个系统走向良性有序发展

表1-5　耦合协调度等级划分标准

耦合协调度	等级划分	耦合协调度	等级划分
$(0.0\leqslant D<0.1)$	极度失调	$(0.5\leqslant D<0.6)$	勉强协调
$(0.1\leqslant D<0.2)$	严重失调	$(0.6\leqslant D<0.7)$	初级协调
$(0.2\leqslant D<0.3)$	中度失调	$(0.7\leqslant D<0.8)$	中级协调
$(0.3\leqslant D<0.4)$	轻度失调	$(0.8\leqslant D<0.9)$	良好协调
$(0.4\leqslant D<0.5)$	濒临失调	$(0.9\leqslant D\leqslant1.0)$	优质协调

5.障碍度诊断分析模型

运用障碍度模型对指标体系进行系统分析，识别黄河流域发展指数的关键制约因素，为进一步有效推动黄河流域各省区之间均衡协调发展找准政策着力点。障碍度（obstacle degree）计算公式如下：

$$O_j = \frac{F_j \times E_j}{\sum\limits_{j=1}^{m} F_j \times E_j} \times 100\%$$

$$F_j = \eta_j \times \mu_j \times w_{ij}$$

$$E_j = 1 - a_j$$

$$Z_l = \sum\limits_{l=1}^{v} O_l$$

式中，O_j——第 j 个指标的障碍度，反映指标 j 对系统的影响程度；

　　　F_j——因子贡献度；

　　　w_{ij}——第 i 个子系统中第 j 个指标权重；

　　　μ_j——第 j 个指标所属维度层权重；

　　　η_j——第 j 个指标所属子系统权重；

　　　E_j——指标偏离度（deviation degree）；

　　　a_j——第 j 个指标经标准化后的值；

　　　Z_l——第 l 个维度层指标对区域综合发展指数的障碍度；

　　　v——第 l 个维度层包含的指标数。

第二章
黄河流域发展指数综合测评

第一节　指标权重分析

根据反熵权法、序关系分析法和综合权重法公式计算得到黄河流域发展指数评价指标权重，结果见表 2-1。

从生态保护子系统来看，在资源利用维度中，城市土地集约利用的综合权重最大，为 0.1839；人均用水量的综合权重最小，为 0.1571；其余指标的综合权重处于 0.15~0.18 之间，且整体差异较小。在环境治理维度中，工业污染治理投资占工业增加值比重的综合权重最大，为 0.1811；单位 GDP 氮氧化物排放量的综合权重最小，为 0.1308；其余指标的综合权重处于 0.13~0.15 之间，各指标综合权重整体相对较低。在生态质量维度中，自然保护区占辖区面积比重的综合权重最大，为 0.2502，是整个指标体系中的最高值；地级及以上城市空气质量优良天数比例的综合权重最小，为 0.1722；其余指标的综合权重处于 0.18~0.20 之间，各指标综合权重整体较高且差异较小。

从高质量发展子系统来看，在创新发展维度中，技术市场成交额占 GDP比重的综合权重最大，为 0.2484；R&D 人员投入强度的综合权重最小，为 0.1811；其余指标的综合权重处于 0.18~0.20 之间，指标之间综合权重差异较小。在协调发展维度中，农业产业劳动生产率的综合权重最大，为 0.2473；常住人口城镇化率的综合权重最小，为 0.1764；其余指标的综合权重处于

0.18~0.21 之间，各指标综合权重整体较高。在开放发展维度中，人均进出口值的综合权重最大，为 0.2339；外资开放度的综合权重最小，为 0.1829；其余指标的综合权重处于 0.19~0.20 之间，各指标综合权重都相对较高。在共享发展维度中，人均公共预算支出的综合权重最大，为 0.1676；每万人拥有公共交通车辆的综合权重最小，为 0.1221；其余指标的综合权重均处于 0.12~0.16 之间，各指标综合权重整体较低且差异较小。

表 2-1　黄河流域发展指数评价指标权重

指标层	指标编号	ORA 法权重	反熵权法权重	综合权重
单位 GDP 电耗	x_1	0.1702	0.1647	0.1678
人均用电量	x_2	0.1489	0.1704	0.1597
人均用水量	x_3	0.1489	0.1648	0.1571
万元 GDP 用水量	x_4	0.1702	0.1501	0.1602
万元农业 GDP 水耗	x_5	0.1915	0.1523	0.1712
城市土地集约利用	x_6	0.1702	0.1977	0.1839
单位 GDP 化学需氧量排放量	x_7	0.1404	0.1261	0.1341
单位 GDP 氨氮排放量	x_8	0.1404	0.1304	0.1364
单位 GDP 二氧化硫排放量	x_9	0.1404	0.1229	0.1324
单位 GDP 氮氧化物排放量	x_{10}	0.1404	0.1199	0.1308
工业固体废弃物综合利用率	x_{11}	0.1404	0.1523	0.1474
城市生活垃圾无害化处理率	x_{12}	0.1579	0.1184	0.1379
工业污染治理投资占工业增加值比重	x_{13}	0.1404	0.2299	0.1811
森林覆盖率	x_{14}	0.2000	0.1949	0.1981
城市人均公园绿地面积	x_{15}	0.1750	0.1843	0.1802
自然保护区占辖区面积比重	x_{16}	0.2250	0.2764	0.2502
地表水达到或好于Ⅲ类水体比例	x_{17}	0.2000	0.1972	0.1993
地级及以上城市空气质量优良天数比例	x_{18}	0.2000	0.1472	0.1722
R&D 经费投入强度	x_{19}	0.1951	0.1664	0.1814
R&D 人员投入强度	x_{20}	0.1951	0.1658	0.1811
每万人发明专利授权量	x_{21}	0.1707	0.2250	0.1973
技术市场成交额占 GDP 比重	x_{22}	0.2195	0.2774	0.2484
新产品销售收入占工业增加值比重	x_{23}	0.2195	0.1653	0.1918

指标层	指标编号	ORA 法权重	反熵权法权重	综合权重
常住人口城镇化率	x_{24}	0.1622	0.1914	0.1764
农业产业劳动生产率	x_{25}	0.2432	0.2509	0.2473
第三产业增加值占 GDP 比重	x_{26}	0.2162	0.1918	0.2038
城乡居民可支配收入比（农村＝1）	x_{27}	0.1892	0.1893	0.1895
城乡居民人均消费支出比（农村＝1）	x_{28}	0.1892	0.1766	0.1830
市场化指数	x_{29}	0.2368	0.1517	0.1908
外贸依存度	x_{30}	0.1842	0.1985	0.1925
人均进出口值	x_{31}	0.2105	0.2564	0.2339
外资开放度	x_{32}	0.1842	0.1792	0.1829
对外投资占 GDP 比重	x_{33}	0.1842	0.2142	0.1999
人均 GDP	x_{34}	0.1538	0.1388	0.1462
人均公共预算支出	x_{35}	0.1731	0.1620	0.1676
互联网普及程度	x_{36}	0.1538	0.1488	0.1515
每千人口卫生技术人员	x_{37}	0.1346	0.1447	0.1397
每万人拥有公共交通车辆	x_{38}	0.1154	0.1291	0.1221
人均拥有公共图书馆藏量	x_{39}	0.1346	0.1514	0.1429
初中阶段生师比（教师人数＝1）	x_{40}	0.1346	0.1252	0.1299

在研究中，资源利用、环境治理和生态质量三位一体，对于黄河流域生态保护子系统来说缺一不可，具有同等重要性，即 $\mu_1 = \mu_2 = \mu_3 = 1/3$；同样，创新发展、协调发展、开放发展、共享发展对黄河流域高质量发展子系统而言也是同等重要，即 $\mu_4 = \mu_5 = \mu_6 = \mu_7 = 0.25$。协同推进黄河流域生态保护和高质量发展是新时期国家重大战略之一，生态保护和高质量发展需要协同并进，不可偏废，赋予它们同等权重，即 $\eta_1 = \eta_2 = 0.5$。

第二节　综合发展指数

根据生态保护和高质量发展两个子系统，使用资源利用、环境治理、生态质量、创新发展、协调发展、开放发展、共享发展 7 个维度相关数据，计算 2012~2021 年黄河流域综合发展指数，结果见表 2-2。

表 2-2 黄河流域综合发展指数

年份	青海	四川	甘肃	宁夏	内蒙古	陕西	山西	河南	山东
2012	0.344	0.444	0.329	0.236	0.371	0.443	0.370	0.392	0.520
2013	0.344	0.451	0.347	0.283	0.391	0.470	0.384	0.404	0.526
2014	0.369	0.476	0.379	0.332	0.414	0.493	0.403	0.428	0.550
2015	0.393	0.482	0.397	0.335	0.413	0.518	0.426	0.446	0.563
2016	0.447	0.517	0.454	0.408	0.467	0.540	0.460	0.483	0.604
2017	0.461	0.546	0.476	0.420	0.468	0.554	0.462	0.505	0.621
2018	0.464	0.581	0.477	0.431	0.467	0.575	0.483	0.523	0.632
2019	0.485	0.613	0.509	0.470	0.478	0.608	0.494	0.543	0.631
2020	0.497	0.648	0.522	0.496	0.491	0.649	0.520	0.598	0.667
2021	0.506	0.642	0.544	0.520	0.503	0.672	0.525	0.613	0.710

总体来看，黄河流域综合发展指数呈波动上升趋势，九省区之间增幅差异较大。其中，宁夏增幅最大，达到 120.34%；内蒙古增幅最小，仅为 35.58%；其余省区增幅均低于 70%。

分省区看，黄河流域综合发展水平存在不均衡现象。2012~2021 年，山东综合发展指数均高于 0.5，综合发展水平在黄河流域中处于领跑位置；四川、陕西的综合发展指数均高于 0.4，综合发展水平较高；青海、宁夏、内蒙古、山西的综合发展指数均低于 0.55，综合发展水平较为落后。

从发展趋势看，2012~2021 年山东的综合发展指数均排名第一，领先地位稳固；四川和陕西位次互换，四川从 2012 年的第二位变为 2021 年的第三位，陕西从 2012 年的第三位变为 2021 年的第二位；内蒙古从 2012 年的第五位跌至 2021 年的第九位，位次发生较大滑落；甘肃从 2012 年的第八位上升至 2021 年的第五位，宁夏从 2012 年的第九位上升至 2021 年的第七位，综合发展情况持续向好。

用变异系数对 2012~2021 年黄河流域综合发展水平进行收敛性分析，

结果如图 2-1 所示。黄河流域综合发展指数的变异系数从 2012 年的 0.212 下降到 2016 年的 0.12，离散程度缩小，收敛性逐年增大，黄河流域九省区发展趋于均衡。2016~2021 年变异系数最低为 2016 年、2019 年的 0.12，最高为 2021 年的 0.135，收敛指数在小范围内波动，总体上黄河流域九省区综合发展水平有趋同趋势。

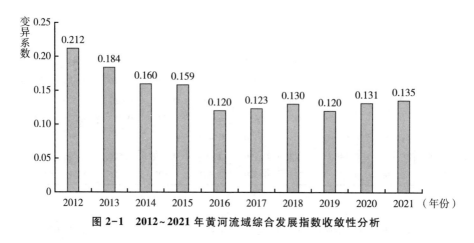

图 2-1　2012~2021 年黄河流域综合发展指数收敛性分析

分别计算黄河流域各省区在党的十八大至党的十九大时期（2012~2016 年）和党的十九大至党的二十大时期（2017~2021 年）的综合发展指数并进行排序，结果见表 2-3。

表 2-3　黄河流域九省区不同时间段综合发展指数排序

2012~2016 年		2017~2021 年		2012~2021 年		流域排名
省份	综合发展指数	省份	综合发展指数	省份	综合发展指数	
山东	0.553	山东	0.652	山东	0.602	1
陕西	0.493	陕西	0.612	陕西	0.552	2
四川	0.474	四川	0.606	四川	0.540	3
河南	0.431	河南	0.556	河南	0.494	4
内蒙古	0.411	甘肃	0.506	山西	0.453	5
山西	0.409	山西	0.497	内蒙古	0.446	6
甘肃	0.381	青海	0.483	甘肃	0.443	7
青海	0.379	内蒙古	0.481	青海	0.431	8
宁夏	0.319	宁夏	0.468	宁夏	0.393	9

将 2012~2016 年和 2017~2021 年九省区综合发展指数进行对比，整体来看，九省区综合发展水平均呈现上升趋势。2012~2016 年和 2017~2021 年山东在九省区中均排名第一，综合发展指数均高于 0.5，在黄河流域拥有较高的综合发展水平；陕西、四川、河南、山西在两个时期都分别位居第二、三、四、六位，名次未发生变化；内蒙古从 2012~2016 年的第五位下滑至 2017~2021 年的第八位，位次滑落幅度较大；甘肃、青海分别从 2012~2016 年的第七位和第八位上升至 2017~2021 年的第五位和第七位，综合发展水平有所提升；宁夏在 2012~2016 年和 2017~2021 年均排名第九，综合发展水平相对落后。

黄河流域九省区综合发展指数在两个时期内均有所上升，其中宁夏增幅最大，为 46.71%，但位次仍为第九名；山东增幅最低，仅为 17.9%，但仍排第一名；其余省区增幅均在 20%~30% 之间，综合发展指数增速较为接近。

计算 2012~2021 年黄河流域综合发展指数，结果见图 2-2。综合来看，黄河流域综合发展指数在 2012~2021 年持续上升，从 2012 年的 0.383，以 4.8% 的年均增速上升至 2021 年的 0.582，增幅为 51.96%，说明十年间黄河流域综合发展水平显著提升，呈稳步增长态势。

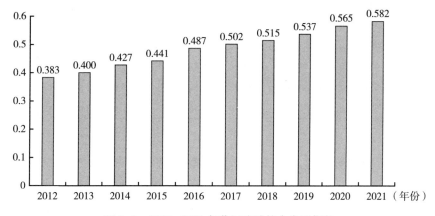

图 2-2 2012~2021 年黄河流域综合发展指数

第三节　生态保护指数

根据综合发展指数公式，计算 2012~2021 年黄河流域九省区生态保护指数，结果见表 2-4。总体来看，九省区生态保护指数均呈上升发展趋势，且不同省区之间增长态势差距较大。2012~2021 年四川（除 2013 年）、陕西的生态保护指数均大于 0.6，生态保护程度较好；2021 年宁夏的生态保护指数仅为 0.518，十年间均处于第九位，生态保护水平相对较差，但与第八位内蒙古的差距由 2012 年的 0.202 缩小为 2021 年的 0.036，有迎头赶上的态势。从增速看，四川、陕西、山东的增幅小于 20%，其中山东增幅仅为9.80%；宁夏的增幅最大，为 128.19%。

表 2-4　黄河流域生态保护指数

年份	青海	四川	甘肃	宁夏	内蒙古	陕西	山西	河南	山东
2012	0.455	0.611	0.493	0.227	0.429	0.623	0.510	0.569	0.592
2013	0.440	0.592	0.496	0.290	0.440	0.619	0.498	0.544	0.561
2014	0.478	0.617	0.536	0.352	0.480	0.629	0.518	0.568	0.582
2015	0.498	0.603	0.537	0.321	0.475	0.640	0.526	0.575	0.578
2016	0.584	0.656	0.636	0.438	0.543	0.655	0.569	0.621	0.617
2017	0.586	0.669	0.651	0.424	0.542	0.649	0.572	0.637	0.614
2018	0.595	0.699	0.629	0.426	0.526	0.669	0.579	0.646	0.618
2019	0.639	0.729	0.664	0.478	0.535	0.692	0.594	0.657	0.617
2020	0.617	0.766	0.660	0.491	0.525	0.714	0.611	0.691	0.625
2021	0.623	0.728	0.688	0.518	0.554	0.722	0.620	0.698	0.650

用变异系数对黄河流域生态保护指数的收敛性进行分析，结果见图 2-3。总体来看，黄河流域生态保护指数的变异系数呈波动下降趋势，其中 2021 年为 0.114，比 2012 年下降 53.85%，离散程度缩小，收敛性逐年增大，表明黄河流域各省区生态保护发展的均衡性不断上升。具体来

看，2012~2016 年黄河流域生态保护指数的变异系数下降速度较快，总体下降 52.63%，收敛性快速增大，区域均衡性不断增强；2017~2021 年变异系数波动较为平稳，最大值为 2020 年的 0.138，最小值为 2021 年的 0.114，收敛性在小范围内波动，区域均衡性小幅提升，但总体趋于平稳。

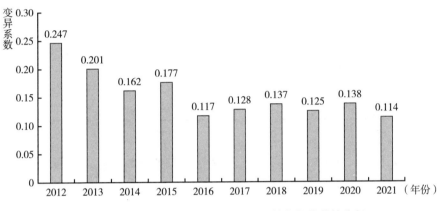

图 2-3　2012~2021 年黄河流域生态保护指数收敛性分析

　　党的十八大以来，以习近平同志为核心的党中央以前所未有的力度抓生态文明建设，将"美丽中国"纳入建设社会主义现代化强国目标之中，并将建设生态文明提升为"千年大计"，我国生态环境保护状况发生历史性、转折性、全局性变化。根据表 2-4 的数据计算九省区在党的十八大至党的十九大期间（2012~2016 年）和党的十九大至党的二十大期间（2017~2021 年）的生态保护指数及排序，结果见表 2-5。总体来看，2012~2021 年，四川、陕西、河南、山东的生态保护水平较高，宁夏的生态保护水平最低。分时间段看，与 2012~2016 年相比，2017~2021 年各省区的生态保护指数均有上升。甘肃、青海、宁夏的增幅大于 20%，其中宁夏的增幅最大，为 43.56%，但名次仍为第九位；陕西、山东的增幅小于 10%，其中山东的增幅最小，仅为 6.66%，且出现位次后移。

表2-5 黄河流域九省区不同时间段生态保护指数排序

2012～2016年		2017～2021年		2012～2021年		流域排名
省份	生态保护指数	省份	生态保护指数	省份	生态保护指数	
陕西	0.633	四川	0.718	四川	0.667	1
四川	0.616	陕西	0.689	陕西	0.661	2
山东	0.586	河南	0.666	河南	0.621	3
河南	0.575	甘肃	0.659	山东	0.605	4
甘肃	0.540	山东	0.625	甘肃	0.599	5
山西	0.524	青海	0.612	山西	0.560	6
青海	0.491	山西	0.595	青海	0.551	7
内蒙古	0.473	内蒙古	0.537	内蒙古	0.505	8
宁夏	0.326	宁夏	0.468	宁夏	0.397	9

计算2012～2021年黄河流域九省区生态保护指数均值，绘制出黄河流域生态保护指数演化图，结果如图2-4所示。可以看出，2012～2015年，黄河流域生态保护指数较低，整体范围在0.5左右波动；2016～2018年，黄河流域生态保护指数明显增大，整体在0.59左右波动；2019～2021年，黄河流域生态保护指数增长至0.6以上的水平，2021年达到0.645，比2012年增长28.74%，生态保护水平显著提升。

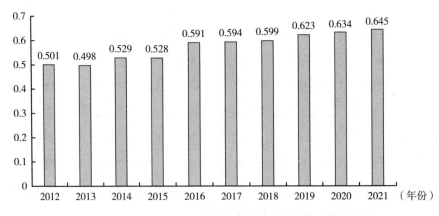

图2-4 2012～2021年黄河流域生态保护指数

第四节　高质量发展指数

综合利用创新发展指数、协调发展指数、开放发展指数、共享发展指数，计算2012~2021年黄河流域九省区高质量发展指数，见图2-5。整体来看，黄河流域九省区高质量发展指数均呈稳步上升趋势，特别是2019年黄河流域生态保护和高质量发展上升为国家战略后，2020年、2021年九省区高质量发展指数上升速率明显加快，其中2021年的高质量发展指数为0.519，较2012年提高95.8%，年均增速为7.8%，增速较快。

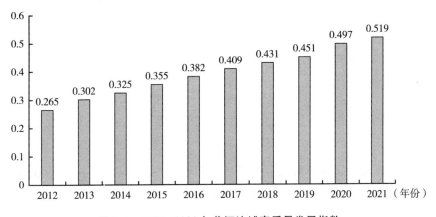

图 2-5　2012~2021 年黄河流域高质量发展指数

分省区看，2021年山东、陕西、四川、河南和宁夏的高质量发展指数"跑赢"黄河流域九省区高质量发展整体指数（见表2-6）。其中，2021年山东的高质量发展指数为0.769，排名第一；陕西、四川、河南、宁夏的高质量发展指数均超过0.5，排名第二至第五；其余省区均未超过0.5，处于较低水平。青海的高质量发展指数最低，仅为0.388，远低于排名第一的山东；河南的排名从2012年的倒数第二上升至2021年的第四，上升幅度最大；值得一提的是，甘肃在2019年反超青海，摆脱垫底位次。从增速看，河南的高质量发展指数增速最快，与2012年相比，2021年提升了145.6%；

其次是甘肃、陕西、宁夏和四川，分别提升了143.9%、136.5%、114.3%和100.7%，均翻了一番以上，提升幅度较大；内蒙古的高质量发展指数提升了44.4%，提升幅度最小；其他省区的提升幅度处于50%～100%。由此可见，黄河流域九省区的高质量发展指数提升速度较快。

表2-6　黄河流域高质量发展指数

年份	青海	四川	甘肃	宁夏	内蒙古	陕西	山西	河南	山东
2012	0.232	0.277	0.164	0.244	0.313	0.263	0.230	0.215	0.448
2013	0.248	0.309	0.198	0.276	0.343	0.322	0.270	0.264	0.490
2014	0.259	0.334	0.222	0.312	0.349	0.357	0.288	0.288	0.518
2015	0.288	0.360	0.257	0.349	0.350	0.397	0.326	0.318	0.548
2016	0.311	0.379	0.271	0.378	0.391	0.425	0.352	0.346	0.591
2017	0.337	0.423	0.301	0.416	0.394	0.459	0.352	0.373	0.629
2018	0.333	0.462	0.325	0.435	0.407	0.480	0.387	0.401	0.645
2019	0.332	0.498	0.355	0.462	0.420	0.524	0.393	0.429	0.646
2020	0.377	0.531	0.385	0.502	0.456	0.584	0.429	0.504	0.709
2021	0.388	0.556	0.400	0.523	0.452	0.622	0.430	0.528	0.769

　　用变异系数分析沿黄九省区2012～2021年高质量发展指数的收敛性，见图2-6。高质量发展的变异系数总体上呈波动下降趋势，从2012年的0.302下降至2015年的0.235，2016年小幅上升至0.236，然后持续下降至2020年的0.210，2021年又轻微上升至0.234。表明黄河流域九省区高质量发展指数总体收敛，离散程度整体上呈缩小趋势，省区间发展均衡性有所改善。

　　自党的十八大以来，党中央坚定不移贯彻新发展理念，全力推动高质量发展，中国经济发展的质量和效益显著提升。根据表2-6的数据，计算黄河流域九省区在党的十八大至党的十九大期间（2012～2016年）、党的十九大至党的二十大期间（2017～2021年）以及党的十八大以来（2012～2021年）的高质量发展指数，结果见表2-7。整体来看，2012～2021年，山东的高质量发展指数处于黄河流域九省区的第一位，达到0.599；处于第二位的陕西为0.443，与第一名山东相比差距较大，仅相当于山东的74.0%；甘肃

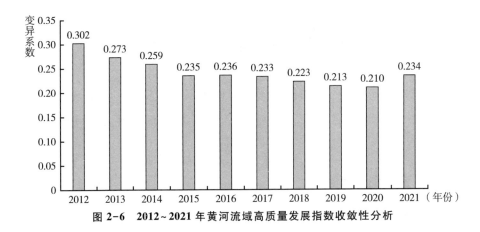

图 2-6　2012～2021 年黄河流域高质量发展指数收敛性分析

为最后一名，仅为 0.288，是第一名山东的 48.1%；河南在黄河流域九省区中处于第六名，相当于山东的 61.1%，在高质量发展中仍需加压奋进。分阶段来看，2017～2021 年的黄河流域高质量发展指数较 2012～2016 年平均增长 42.6%。其中，甘肃增长最快，达到 59.0%；内蒙古增长最慢，增长率不到甘肃的一半，为 22.1%。从排名看，2012～2021 年山东、陕西始终占据前两位，且山东大幅领先排第二位的陕西；青海、甘肃始终排最后两位，但是甘肃高质量发展势头迅猛，在 2017～2021 年追平青海。

表 2-7　黄河流域九省区不同时间段高质量发展指数排序

2012～2016 年		2017～2021 年		2012～2021 年		流域排名
省份	高质量发展指数	省份	高质量发展指数	省份	高质量发展指数	
山东	0.519	山东	0.679	山东	0.599	1
陕西	0.353	陕西	0.534	陕西	0.443	2
内蒙古	0.349	四川	0.494	四川	0.413	3
四川	0.332	宁夏	0.468	宁夏	0.390	4
宁夏	0.312	河南	0.447	内蒙古	0.387	5
山西	0.293	内蒙古	0.426	河南	0.366	6
河南	0.286	山西	0.398	山西	0.346	7
青海	0.268	青海	0.353	青海	0.310	8
甘肃	0.222	甘肃	0.353	甘肃	0.288	9

第五节　生态保护准则层指数

根据黄河流域生态保护指数评价指标体系，从资源利用、环境治理、生态质量 3 个维度层出发，测算黄河流域九省区的生态保护准则层指数。

一　资源利用指数

依据资源利用情况，计算 2012~2021 年黄河流域九省区的资源利用指数，结果见表 2-8。总体来看，除内蒙古外，八省区的资源利用指数均呈波动上升趋势。2012~2021 年，陕西、河南的资源利用指数均高于 0.8，资源利用情况较好；青海、宁夏、内蒙古的资源利用指数均低于 0.6，资源利用水平相对较低，其中宁夏 2021 年的资源利用指数仅为 0.381，甚至低于黄河流域其他省区 2012 年的资源利用指数，资源利用提升空间巨大。从增速看，宁夏增幅最大，为 296.88%，但仍位于第九位；内蒙古降幅最大，为6.68%；山东增幅为 0.13%，呈平稳发展趋势。

表 2-8　黄河流域资源利用指数

年份	青海	四川	甘肃	宁夏	内蒙古	陕西	山西	河南	山东
2012	0.426	0.820	0.722	0.096	0.524	0.919	0.764	0.910	0.770
2013	0.436	0.832	0.711	0.114	0.526	0.929	0.788	0.915	0.773
2014	0.439	0.844	0.717	0.150	0.522	0.930	0.814	0.939	0.782
2015	0.487	0.795	0.740	0.163	0.526	0.874	0.813	0.941	0.770
2016	0.533	0.840	0.756	0.215	0.533	0.881	0.808	0.940	0.771
2017	0.544	0.845	0.746	0.235	0.521	0.875	0.791	0.933	0.778
2018	0.549	0.852	0.717	0.250	0.493	0.894	0.793	0.935	0.776
2019	0.581	0.854	0.736	0.313	0.480	0.915	0.807	0.939	0.773
2020	0.589	0.864	0.737	0.362	0.463	0.922	0.821	0.948	0.764
2021	0.571	0.864	0.747	0.381	0.489	0.922	0.832	0.938	0.771

根据表 2-8 的数据，计算九省区在党的十八大至党的十九大期间（2012~2016 年）和党的十九大至党的二十大期间（2017~2021 年）的资源利用指数及排序，结果见表 2-9。总体来看，2012~2021 年，河南、陕西的资源利用水平较高；青海、内蒙古、宁夏的资源利用水平较低。分时间段看，与 2012~2016 年相比，2017~2021 年河南、四川、山西、甘肃、青海、宁夏的资源利用指数上升，其中宁夏增幅最大，为 108.11%；陕西、山东、内蒙古的资源利用指数下降，其中内蒙古降幅最大，为 7.03%，同时位次由第七位下降至第八位。

表 2-9　黄河流域九省区不同时间段资源利用指数排序

2012~2016 年		2017~2021 年		2012~2021 年		流域排名
省份	资源利用指数	省份	资源利用指数	省份	资源利用指数	
河南	0.929	河南	0.939	河南	0.934	1
陕西	0.907	陕西	0.906	陕西	0.906	2
四川	0.826	四川	0.856	四川	0.841	3
山西	0.797	山西	0.809	山西	0.803	4
山东	0.773	山东	0.772	山东	0.773	5
甘肃	0.729	甘肃	0.737	甘肃	0.733	6
内蒙古	0.526	青海	0.567	青海	0.515	7
青海	0.464	内蒙古	0.489	内蒙古	0.508	8
宁夏	0.148	宁夏	0.308	宁夏	0.228	9

二　环境治理指数

依据环境治理情况，计算 2012~2021 年黄河流域九省区环境治理指数，结果见表 2-10。总体来看，九省区环境治理指数均呈现波动上升趋势，且指数极差均大于 0.1，说明 2012~2021 年黄河流域环境治理水平明显提升。2012 年，陕西、河南、山东的环境治理指数均高于 0.5，而宁夏的环境治理指数仅为 0.209，差距明显。2021 年，所有省区的环境治理指数均高于 0.6，其中河南、山东高于 0.7。值得注意的是，与 2019 年相比，2020 年除陕西、河南外，九省区环境治理指数均下降。从增速看，宁夏、甘肃、内蒙古的增幅超过 80%，其中宁夏最大，为 207.66%；陕西、山东的增幅低于 30%，其中山东最低，为 15.93%。

表 2-10　黄河流域环境治理指数

年份	青海	四川	甘肃	宁夏	内蒙古	陕西	山西	河南	山东
2012	0.415	0.492	0.317	0.209	0.345	0.554	0.482	0.545	0.659
2013	0.424	0.529	0.358	0.394	0.435	0.618	0.533	0.591	0.693
2014	0.497	0.555	0.420	0.523	0.503	0.626	0.535	0.628	0.726
2015	0.495	0.569	0.402	0.404	0.490	0.646	0.547	0.646	0.722
2016	0.723	0.666	0.631	0.692	0.655	0.734	0.651	0.737	0.796
2017	0.687	0.668	0.683	0.628	0.683	0.686	0.683	0.737	0.795
2018	0.700	0.685	0.674	0.636	0.676	0.689	0.693	0.740	0.795
2019	0.716	0.688	0.681	0.648	0.671	0.701	0.695	0.722	0.797
2020	0.629	0.649	0.628	0.636	0.626	0.702	0.653	0.735	0.761
2021	0.666	0.662	0.630	0.643	0.643	0.692	0.656	0.744	0.764

根据表 2-10 的数据，计算九省区在党的十八大至党的十九大期间（2012~2016 年）和党的十九大至党的二十大期间（2017~2021 年）的环境治理指数及排序，结果见表 2-11。总体来看，2012~2021 年，山东的环境治理水平最高，甘肃、宁夏的环境治理水平较低。分时间段看，与 2012~2016 年相比，2017~2021 年九省区环境治理指数均有上升。其中，甘肃增幅最大，为 54.69%；山东、陕西增幅较小，分别为 8.76%、9.12%。从排名看，四川、青海的位次幅度变化较大，四川排名由第四位下降至第六位，青海排名由第六位上升至第四位。

表 2-11　黄河流域九省区不同时间段环境治理指数排序

2012~2016 年		2017~2021 年		2012~2021 年		流域排名
省份	环境治理指数	省份	环境治理指数	省份	环境治理指数	
山东	0.719	山东	0.782	山东	0.751	1
陕西	0.636	河南	0.736	河南	0.683	2
河南	0.629	陕西	0.694	陕西	0.665	3

续表

2012~2016 年		2017~2021 年		2012~2021 年		流域排名
省份	环境治理指数	省份	环境治理指数	省份	环境治理指数	
四川	0.562	青海	0.680	四川	0.616	4
山西	0.550	山西	0.676	山西	0.613	5
青海	0.511	四川	0.671	青海	0.595	6
内蒙古	0.486	内蒙古	0.660	内蒙古	0.573	7
宁夏	0.445	甘肃	0.659	甘肃	0.542	8
甘肃	0.426	宁夏	0.638	宁夏	0.541	9

三　生态质量指数

依据生态质量情况，计算 2012~2021 年黄河流域九省区生态质量指数，结果见表 2-12。总体来看，九省区生态质量指数总体较低，且均呈波动上升趋势，并均在 2013 年达到极小值点。其中，青海、四川、甘肃的生态质量指数均高于 0.4，生态质量处于较高水平；山西、河南的生态质量指数较低，其中山西 2021 年生态质量指数仅为 0.371，仅为居于首位的甘肃的 1/2 左右，提升空间较大。从增速看，甘肃、河南增幅较大，分别为 55.56%、65.60%；山东增幅最小，为 19.88%。

表 2-12　黄河流域生态质量指数

年份	青海	四川	甘肃	宁夏	内蒙古	陕西	山西	河南	山东
2012	0.524	0.522	0.441	0.377	0.419	0.394	0.283	0.250	0.347
2013	0.459	0.416	0.419	0.361	0.358	0.311	0.173	0.126	0.216
2014	0.500	0.452	0.471	0.384	0.414	0.331	0.204	0.137	0.237
2015	0.512	0.444	0.468	0.395	0.410	0.399	0.216	0.138	0.242
2016	0.496	0.463	0.521	0.405	0.440	0.349	0.247	0.187	0.283
2017	0.527	0.494	0.523	0.409	0.423	0.385	0.242	0.240	0.269
2018	0.536	0.559	0.497	0.393	0.410	0.424	0.249	0.262	0.284
2019	0.619	0.644	0.575	0.474	0.455	0.461	0.282	0.312	0.281
2020	0.633	0.786	0.617	0.476	0.487	0.520	0.360	0.391	0.348
2021	0.632	0.659	0.686	0.530	0.529	0.551	0.371	0.414	0.416

根据表2-12的数据，计算九省区在党的十八大至党的十九大期间（2012~2016年）和党的十九大至党的二十大期间（2017~2021年）的生态质量指数及排序，结果见表2-13。总体来看，2012~2021年，九省区的生态质量指数均不算高，在生态保护子系统中处于较低水平。其中，青海、四川、甘肃的生态质量水平相对较高；山东、山西、河南的生态质量水平较低，提升空间巨大。分时间段看，与2012~2016年相比，2017~2021年九省区的生态质量指数均有所上升。其中，河南增幅最大，为92.86%；青海、内蒙古增幅较小，分别为18.47%、12.99%；四川、陕西、河南的位次幅度变化较大，排名均前进两位。

表2-13　黄河流域九省区不同时间段生态质量指数排序

2012~2016年		2017~2021年		2012~2021年		流域排名
省份	生态质量指数	省份	生态质量指数	省份	生态质量指数	
青海	0.498	四川	0.628	青海	0.544	1
甘肃	0.464	青海	0.590	四川	0.544	2
四川	0.459	甘肃	0.580	甘肃	0.522	3
内蒙古	0.408	陕西	0.468	内蒙古	0.434	4
宁夏	0.384	内蒙古	0.461	宁夏	0.420	5
陕西	0.357	宁夏	0.456	陕西	0.413	6
山东	0.265	河南	0.324	山东	0.292	7
山西	0.225	山东	0.320	山西	0.263	8
河南	0.168	山西	0.301	河南	0.246	9

四　时空分异特征

用变异系数对黄河流域生态保护准则层指数的收敛性进行分析，结果见图2-7。

总体来看，2012~2021年，在黄河流域生态保护子系统中，3个维度层的变异系数均呈现波动下降的演化态势，收敛性整体提高，九省区发展均衡性有所上升。具体来看，资源利用指数的变异系数最大，收敛性最

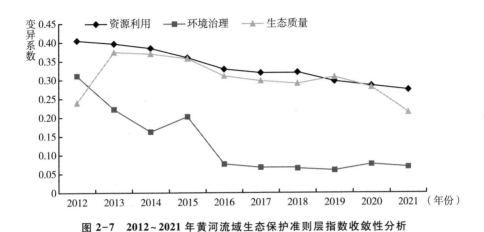

图 2-7　2012~2021 年黄河流域生态保护准则层指数收敛性分析

低，且下降速度较慢，由 2012 年的 0.405 下降至 2021 年的 0.274，下降 0.131，均衡性最差。生态质量指数的变异系数呈现先升后降的波动发展趋势，由 2012 年的 0.239 快速上升至 2013 年的 0.374，后缓慢下降至 2021 年的 0.214，总体下降 0.025，变动幅度较小，均衡性小幅波动并逐渐趋稳。环境治理指数的变异系数最小，且下降速度较快，由 2012 年的 0.311 下降至 2021 年的 0.069，下降 0.242，均衡性在 3 个维度层中表现最好。

根据计算结果，绘制 2012~2021 年黄河流域生态保护准则层指数图，见图 2-8。可以看出，在生态保护子系统的 3 个维度层中，资源利用指数水平最高，并呈现缓慢上升的发展趋势，由 2012 年的 0.661 上升至 2021 年的 0.724，提升 0.063。环境治理指数呈现先快速上升，后平稳发展，再小幅下降的阶段式演化发展趋势，2012~2016 年快速增长 56.15%，2016 年赶上并超过资源利用指数，2016~2019 年仅增长 0.57%，2019 年后呈下降趋势。生态质量指数总体水平最低，且呈现先降后升的波动式发展态势：2012 年为 0.395，2015 年下降至 0.358，2021 年波动上升至 0.532，总体提升 0.137。

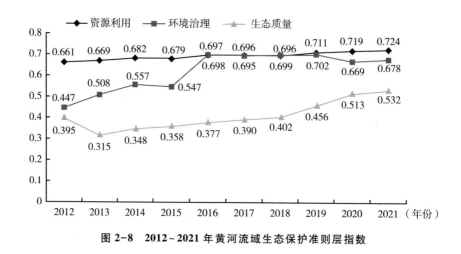

图 2-8　2012～2021 年黄河流域生态保护准则层指数

第六节　高质量发展准则层指数

根据黄河流域发展指数综合评价指标体系，从创新发展、协调发展、开放发展、共享发展 4 个维度对黄河流域九省区的高质量发展准则层指数进行测算，测算结果如下。

一　创新发展指数

依照黄河流域九省区创新发展情况，计算党的十八大以来（2012～2021年）黄河流域九省区的创新发展指数，结果见表 2-14。整体来看，黄河流域九省区创新发展指数均呈上升趋势，但整体处于较低水平，且地区之间差距较大。2012 年，山东的创新发展指数最高，为 0.429，其他省区与其存在明显的创新"鸿沟"。2019 年，陕西超越山东，排名第一。2021 年，陕西、山东的创新发展指数位列前两名，达到 0.8 左右，与第三名四川的差距逐渐拉大；青海、内蒙古、山西和甘肃的创新发展指数处于较低水平，均不足0.3，不及陕西和山东十年前的创新发展水平。从增速看，与 2012 年相比，2021 年河南的创新发展指数提升了 208.7%，提升幅度最大；四川、宁夏、陕西的创新发展指数均提升了 100% 以上，分别为 189.3%、186.6%、131.3%，提升幅度较大；内蒙古的创新发展指数仅提升了 11.9%，提升幅度最小。由此可见，河南、四川、陕西创新基础好且发展速度快，而青海、内蒙古创新基础较差且发展较慢，沿黄九省区之间创新发展差距悬殊。

表 2-14　黄河流域创新发展指数

年份	青海	四川	甘肃	宁夏	内蒙古	陕西	山西	河南	山东
2012	0.075	0.178	0.159	0.119	0.118	0.351	0.133	0.126	0.429
2013	0.074	0.198	0.169	0.145	0.114	0.413	0.159	0.175	0.467
2014	0.076	0.228	0.191	0.150	0.102	0.439	0.157	0.189	0.494
2015	0.088	0.270	0.209	0.186	0.119	0.473	0.154	0.210	0.533
2016	0.112	0.290	0.191	0.185	0.133	0.505	0.166	0.228	0.581
2017	0.159	0.322	0.194	0.224	0.121	0.536	0.185	0.255	0.615
2018	0.147	0.366	0.179	0.281	0.093	0.547	0.207	0.265	0.589
2019	0.082	0.404	0.219	0.282	0.100	0.634	0.204	0.281	0.530
2020	0.107	0.460	0.229	0.298	0.132	0.713	0.231	0.333	0.674
2021	0.111	0.515	0.263	0.341	0.132	0.812	0.243	0.389	0.777

根据表 2-14 的数据，计算黄河流域九省区在党的十八大至党的十九大期间（2012~2016 年）和党的十九大至党的二十大期间（2017~2021 年）的创新发展指数，结果见表 2-15。整体来看，2012~2021 年，黄河流域九省区中只有陕西的创新发展指数高于高质量发展指数，其余省区的创新发展指数均低于高质量发展指数，在创新发展方面存在明显短板。从排名来看，山东的创新发展指数处于黄河流域九省区的第一位，达到 0.569；处于第二位的陕西为 0.542，与第一名山东相比差距较小，相当于山东的 95.3%；青海为最后一位，仅为 0.103，是第一名山东的 18.1%；河南虽然在黄河流域九省区中处于第四位，但仅相当于山东的 43.1%，差距较大。分阶段来看，两个期间内创新发展指数均呈上升趋势，其中陕西、山东的创新发展指数处于较高水平，两期指数均超过 0.4。2012~2016 年，山东的创新发展指数最高，达到 0.501；青海的最低，仅为 0.085，是第一名山东的 17.0%。

2017～2021 年，山东、陕西名次互换，陕西排名第一，达到 0.648；内蒙古排在最末位，为 0.116，是第一名陕西的 17.9%。两个期间内均排名第三的四川提升较为明显，与两个期间内均排名第四的河南差距逐渐拉大。从增速看，与 2012～2016 年相比，2017～2021 年宁夏的创新发展指数提升幅度最大，达到 81.5%；其次是四川和河南，分别为 77.7% 和 64.3%，提升幅度较大；内蒙古的创新发展指数基本持平。

表 2-15　黄河流域九省区不同时间段创新发展指数排序

2012～2016 年		2017～2021 年		2012～2021 年		流域排名
省份	创新发展指数	省份	创新发展指数	省份	创新发展指数	
山东	0.501	陕西	0.648	山东	0.569	1
陕西	0.436	山东	0.637	陕西	0.542	2
四川	0.233	四川	0.414	四川	0.323	3
河南	0.185	河南	0.304	河南	0.245	4
甘肃	0.184	宁夏	0.285	宁夏	0.221	5
宁夏	0.157	甘肃	0.217	甘肃	0.200	6
山西	0.154	山西	0.214	山西	0.184	7
内蒙古	0.117	青海	0.121	内蒙古	0.116	8
青海	0.085	内蒙古	0.116	青海	0.103	9

二　协调发展指数

依照黄河流域九省区协调发展情况，计算 2012～2021 年黄河流域九省区的协调发展指数，结果见表 2-16。整体来看，各省区协调发展指数均呈上升趋势，整体水平较高，地区之间差距较小，且增速较快。2012 年，内蒙古的协调发展指数最高，为 0.487；陕西最小，为 0.168，是内蒙古的 34.5%。2015 年，山东超越内蒙古，排名第一。2021 年，山东、河南、宁夏的协调发展指数位列前三名，达到 0.8 以上，与第四名内蒙古的差距逐渐拉大；甘肃的协调发展指数最低，为 0.57，是第一名山东的 65.2%，第一名与最后一名的差距逐渐缩小。从增速看，与 2012 年相比，2021 年陕西的协调发展指数提升了273.2%,提升幅度最大;甘肃、河南、四川、青海和宁夏的协调发展指数均提升了100%以上,分别为233.3%、187.2%、127.4%、110.1%和103.6%,提升幅度较大;提升幅度最小的内蒙古也提升了68.6%。由此可见,黄河流域九省区的协调发展基础水平较高,且发展速度较快,整体处于较高水平。

表 2-16 黄河流域协调发展指数

年份	青海	四川	甘肃	宁夏	内蒙古	陕西	山西	河南	山东
2012	0.335	0.343	0.171	0.412	0.487	0.168	0.334	0.297	0.449
2013	0.390	0.392	0.226	0.454	0.535	0.242	0.382	0.349	0.504
2014	0.425	0.438	0.277	0.490	0.567	0.287	0.435	0.397	0.561
2015	0.451	0.490	0.356	0.515	0.602	0.359	0.538	0.439	0.613
2016	0.464	0.554	0.395	0.542	0.623	0.381	0.570	0.482	0.653
2017	0.476	0.610	0.423	0.567	0.656	0.407	0.550	0.507	0.685
2018	0.513	0.659	0.448	0.601	0.687	0.440	0.593	0.569	0.726
2019	0.551	0.698	0.480	0.637	0.731	0.483	0.624	0.624	0.771
2020	0.665	0.755	0.541	0.812	0.813	0.605	0.683	0.806	0.817
2021	0.704	0.780	0.570	0.839	0.821	0.627	0.665	0.853	0.874

根据表2-16的数据,计算黄河流域九省区在党的十八大至党的十九大期间(2012~2016年)和党的十九大至党的二十大期间(2017~2021年)的协调发展指数,结果见表2-17。整体来看,2012~2021年,黄河流域九省区中只有陕西的协调发展指数低于高质量发展指数,其余省区的协调发展指数均高于高质量发展指数,黄河流域九省区在协调发展方面表现良好。从排名来看,山东的协调发展指数处于黄河流域九省区的第一位,达到0.665;处于第二位的内蒙古为0.652,与第一位山东相比差距较小,相当于山东的98.0%;甘肃为最后一位,仅为0.389,是第一位山东的58.5%;河南在黄河流域九省区中处于第六位,相当于山东的80.0%。分阶段来看,两个期间内黄河流域九省区的协调发展指数均呈上升趋势。两个期间内山东、内蒙古的协调发展指数均处于较高水平,2012~2016年超过0.5,

2017~2021 年超过 0.7。2012~2016 年，内蒙古的协调发展指数最高，排名第一，达到 0.563；其次是山东；甘肃最低，仅为 0.285，是第一名内蒙古的 50.6%。2017~2021 年，内蒙古、山东名次互换，山东排名第一，达到 0.775；甘肃仍然最低，为 0.492，是第一名山东的 63.5%，差距缩小。从增速看，与 2012~2016 年相比，2017~2021 年陕西的协调发展指数提升幅度最大，达到 78.4%；其次是甘肃和河南，分别为 72.6% 和 71.0%，提升幅度较大；内蒙古的协调发展指数提升幅度最小，为 31.8%。

表 2-17　黄河流域九省区不同时间段协调发展指数排序

2012~2016 年		2017~2021 年		2012~2021 年		流域排名
省份	协调发展指数	省份	协调发展指数	省份	协调发展指数	
内蒙古	0.563	山东	0.775	山东	0.665	1
山东	0.556	内蒙古	0.742	内蒙古	0.652	2
宁夏	0.483	四川	0.700	宁夏	0.587	3
山西	0.452	宁夏	0.691	四川	0.572	4
四川	0.443	河南	0.672	山西	0.537	5
青海	0.413	山西	0.623	河南	0.532	6
河南	0.393	青海	0.582	青海	0.497	7
陕西	0.287	陕西	0.512	陕西	0.400	8
甘肃	0.285	甘肃	0.492	甘肃	0.389	9

三　开放发展指数

依照黄河流域发展情况，计算党的十八大以来（2012~2021 年）黄河流域九省区的开放发展指数，结果见表 2-18。

表 2-18　黄河流域开放发展指数

年份	青海	四川	甘肃	宁夏	内蒙古	陕西	山西	河南	山东
2012	0.086	0.410	0.191	0.157	0.315	0.211	0.228	0.361	0.621
2013	0.074	0.407	0.204	0.161	0.321	0.257	0.247	0.381	0.643
2014	0.061	0.406	0.191	0.222	0.297	0.294	0.261	0.395	0.651

年份	青海	四川	甘肃	宁夏	内蒙古	陕西	山西	河南	山东
2015	0.084	0.376	0.201	0.265	0.217	0.322	0.272	0.417	0.623
2016	0.083	0.338	0.206	0.330	0.291	0.348	0.301	0.435	0.651
2017	0.094	0.369	0.225	0.342	0.275	0.397	0.260	0.432	0.699
2018	0.089	0.414	0.249	0.310	0.279	0.432	0.294	0.429	0.738
2019	0.082	0.446	0.231	0.364	0.241	0.435	0.245	0.435	0.733
2020	0.082	0.449	0.244	0.314	0.236	0.464	0.249	0.465	0.782
2021	0.074	0.471	0.232	0.299	0.201	0.496	0.253	0.477	0.832

整体来看，大部分省区的开放发展指数呈上升趋势，但整体处于较低水平，增速较慢，省区之间差距较大，且东部省区明显高于西部省区。2012年，地理位置得天独厚的山东开放发展指数最高，为0.621，是最后一名青海的7.2倍，且一直保持领先地位。2021年，山东、陕西的开放发展指数水平位列前两名，但是双方差距较大；内蒙古、青海的开放发展指数处于较低水平，且与2012年相比轻微下降，低于其他省区十年前的开放发展平均水平。从增速看，与2012年相比，2021年陕西的开放发展指数提升了135.1%，提升幅度最大；其次是宁夏，提升了90.4%；值得注意的是，青海和内蒙古的开放发展指数均有所下降，且内蒙古降幅比较明显，下降了36.2%。由此可见，沿黄九省区中东部省区整体比西部省区开放程度高，且各省区之间开放发展差距悬殊。

根据表2-18的数据，计算黄河流域九省区在党的十八大至党的十九大期间（2012~2016年）和党的十九大至党的二十大期间（2017~2021年）的开放发展指数，结果见表2-19。整体来看，2012~2021年，黄河流域九省区中只有山东和河南的开放发展指数高于高质量发展指数，其余省区的开放发展指数均低于高质量发展指数。开放发展是黄河流域生态保护和高质量发展的明显短板，黄河流域九省区在对外开放和双循环新发展格局中需展现更大作为。从排名来看，得益于区位优势，山东的开放发展指数处于黄河流域九省区的第一位，达到0.697；处于第二位的河南为0.423，与第一名相比差距较大，仅相当于山东的 60.7%，在扩大开放方面仍大有可为；处于黄河流域最西部的青海为最后一名，仅为 0.081，是第一名山东的 11.6%。分阶段来看，两个期间内除内蒙古和山西外，其他省区的开放发展指数均呈上升趋势。其中，山东的开放发展指数均处于最高水平，2012~2016 年为 0.638，比第二名河南高 0.240；2017~2021 年为 0.757，比第二名河南高 0.309，差距拉大。两个期间内青海的开放发展指数均为最低，2012~2016 年为 0.078，是第一名山东的 12.2%；2017~2021 年为 0.084，仅为第一名山东的 11.1%，差距进一步拉大。从增速看，与 2012~2016 年相比，2017~2021 年陕西的开放发展指数提升幅度最大，达到 55.6%；其次是宁夏和山东，分别为 43.6% 和 18.7%，提升幅度较大；内蒙古和山西的开放发展指数均出现下降，且内蒙古下降幅度最大，为 14.6%。

表 2-19　黄河流域九省区不同时间段开放发展指数排序

2012~2016 年		2017~2021 年		2012~2021 年		流域排名
省份	开放发展指数	省份	开放发展指数	省份	开放发展指数	
山东	0.638	山东	0.757	山东	0.697	1
河南	0.398	河南	0.448	河南	0.423	2
四川	0.387	陕西	0.445	四川	0.408	3
内蒙古	0.288	四川	0.430	陕西	0.366	4
陕西	0.286	宁夏	0.326	宁夏	0.276	5
山西	0.262	山西	0.260	内蒙古	0.267	6
宁夏	0.227	内蒙古	0.246	山西	0.261	7
甘肃	0.199	甘肃	0.236	甘肃	0.217	8
青海	0.078	青海	0.084	青海	0.081	9

四　共享发展指数

依照黄河流域九省区共享发展情况，计算 2012~2021 年黄河流域九省区的共享发展指数，结果见表 2-20。整体来看，九省区共享发展指数均呈上升趋势，整体处于较高水平，且九省区之间差距较小。2012 年，青海的共享发展指数最高，为 0.434；其次是内蒙古和陕西，分别为 0.332 和 0.321；河南最低，为 0.076，仅为青海的 17.5%。2021 年，青海的共享发展指数水平仍然最高，达到 0.664，内蒙古仍然排第二位，但与青海的差距逐渐缩小；河南仍然最低，为 0.393，为青海的 59.2%，不及青海十年前的共享发展水平，但是双方差距明显缩小。从增速看，与 2012 年相比，2021 年河南的共享发展指数提升了 417.1%，提升幅度最大；甘肃、四川、山西、宁夏和山东的共享发展指数均提升了 100% 以上，分别为 295.6%、157.3%、148.2%、111.8% 和 102.0%，提升幅度较大；青海的共享发展指数仅提升了 53%，提升幅度最小。由此可见，沿黄九省区共享发展水平整体较高，且增速较快。

表 2-20　黄河流域共享发展指数

年份	青海	四川	甘肃	宁夏	内蒙古	陕西	山西	河南	山东
2012	0.434	0.178	0.135	0.289	0.332	0.321	0.226	0.076	0.293
2013	0.453	0.240	0.195	0.344	0.402	0.374	0.292	0.149	0.348
2014	0.475	0.264	0.228	0.385	0.431	0.407	0.300	0.170	0.366
2015	0.529	0.307	0.260	0.431	0.464	0.435	0.339	0.205	0.424
2016	0.584	0.332	0.293	0.454	0.517	0.466	0.370	0.238	0.478
2017	0.619	0.390	0.361	0.533	0.523	0.498	0.411	0.298	0.516
2018	0.582	0.410	0.425	0.549	0.569	0.499	0.453	0.340	0.527
2019	0.610	0.445	0.488	0.564	0.608	0.544	0.500	0.374	0.548
2020	0.652	0.458	0.524	0.581	0.640	0.554	0.553	0.413	0.563
2021	0.664	0.458	0.534	0.612	0.655	0.556	0.561	0.393	0.592

根据表 2-20 的数据，计算九省区在党的十八大至党的十九大期间（2012~2016 年）和党的十九大至党的二十大期间（2017~2021 年）的共享发展指数，结果见表 2-21。整体来看，2012~2021 年，黄河流域九省区中只有山东、河南、四川的共享发展指数低于高质量发展指数，其余省区的共享发展指数均高于高质量发展指数，九省区在共享发展方面表现较好。从排名来看，青海的共享发展指数处于黄河流域九省区的第一位，达到 0.560；处于第二位的内蒙古为 0.514，与第一名相比差距较小，相当于青海的

91.8%；河南在黄河流域九省区中处于最后一位，为 0.266，仅相当于青海的 47.5%，河南作为人口大省、农业大省，必须兼顾城市和农村，在推动共享发展、实现共同富裕方面需加压奋进。分阶段来看，两个期间内黄河流域九省区的共享发展指数均呈上升趋势。其中，青海、内蒙古的共享发展指数均处于较高水平，2012~2016 年超过 0.4，分别为 0.495 和 0.429；2017~2021 年达到 0.6 左右，分别为 0.625 和 0.599。两个期间内河南的共享发展指数均为最低，2012~2016 年仅为 0.168，是第一名青海的 33.9%；2017~2021 年为 0.364，是第一名青海的 58.2%，差距缩小。从增速看，与 2012~2016 年相比，2017~2021 年河南的共享发展指数提升幅度最大，达到 116.7%；其次是甘肃和四川，分别为 110.4% 和 63.6%，提升幅度较大；青海的共享发展指数提升幅度最小，为 26.3%。

表 2-21　黄河流域九省区不同时间段共享发展指数排序

2012~2016 年		2017~2021 年		2012~2021 年		流域排名
省份	共享发展指数	省份	共享发展指数	省份	共享发展指数	
青海	0.495	青海	0.625	青海	0.560	1
内蒙古	0.429	内蒙古	0.599	内蒙古	0.514	2
陕西	0.401	宁夏	0.568	宁夏	0.474	3
山东	0.382	山东	0.549	山东	0.465	4
宁夏	0.381	陕西	0.530	陕西	0.465	5
山西	0.305	山西	0.496	山西	0.401	6
四川	0.264	甘肃	0.467	四川	0.348	7
甘肃	0.222	四川	0.432	甘肃	0.344	8
河南	0.168	河南	0.364	河南	0.266	9

五　时空演变特征

采用变异系数分析 2012~2021 年黄河流域九省区高质量发展子系统各维度指数的收敛性，见图 2-9。

创新发展指数和开放发展指数的变异系数均呈先下降后上升的趋势，表

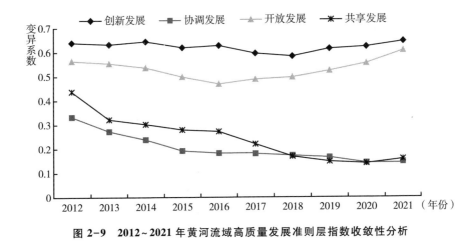

图 2-9　2012~2021 年黄河流域高质量发展准则层指数收敛性分析

明黄河流域九省区的创新发展指数和开放发展指数离散程度先缩小后扩大，省区之间的差异先缩小后扩大，且基本处于 0.5 以上，省区之间的创新发展和开放发展均衡性有待提高。协调发展指数和共享发展指数的变异系数均呈显著的下降趋势，表明黄河流域九省区的协调发展指数和共享发展指数逐渐收敛，离散程度逐渐缩小，省区之间的差异逐渐缩小，省区之间的创新发展和开放发展由不均衡逐渐趋于均衡。

从维度层指数看，创新发展、协调发展、开放发展和共享发展的指数均呈上升趋势，各指数间差距扩大（见图 2-10）。2012 年，协调发展指数最大，为 0.333；创新发展指数最小，为 0.188，是协调发展指数的 56.5%。2021 年，协调发展指数仍然最大，达到 0.748；开放发展指数最小，为 0.371，是协调发展指数的 49.6%，首尾差距进一步扩大。从增速看，2012~2021 年，协调发展指数增长最快，增幅达到 124.6%；其次是共享发展指数和创新发展指数，分别为 119.7% 和 111.7%；开放发展指数增幅最小，仅为 29.3%。由此看出，创新发展和开放发展是高质量发展的短板，在双循环新发展格局下，必须加快实施创新驱动发展战略，坚持创新在我国现代化建设全局中的核心地位，坚持高水平对外开放，不断增强创新动力，提升国际循环的质量和水平。

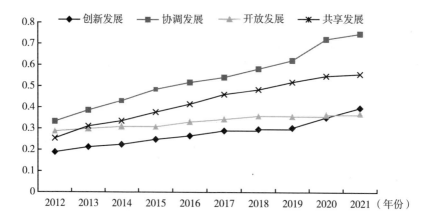

图 2-10　2012~2021 年黄河流域高质量发展准则层指数

第三章
黄河流域生态保护与高质量发展
耦合协调度测评

黄河流域生态保护和高质量发展的耦合协调发展是各方面因素共同影响的结果。因此，为了更好地测评黄河流域生态保护与高质量发展耦合协调度影响因素，促进黄河流域发展，需要从多角度出发，分析黄河流域生态保护和高质量发展的影响机制。

第一节　耦合机理

黄河流域生态保护和高质量发展之间是密切相关的。在生态系统中，各种物种之间相互依存、相互制约，构成了复杂生态系统，其中任何一个环节的变化都会对整个生态系统产生深远的影响。高质量发展则是指经济、社会及环境三个方面的协调发展，在经济发展的同时要关注环保、社会公平公正和资源利用的可持续性。因此，生态保护和高质量发展之间关系密切，不可分割。

一　子系统耦合关系

黄河流域生态保护为高质量发展提供了必要条件。保护自然资源，维护生态平衡，为经济社会发展提供可持续的生态环境，是高质量发展的必要基础。黄河流域高质量发展同样能够促进生态保护。高质量发展可以推动资源高效率、低污染和可持续利用，从而降低对环境的破坏，保护生态环境，为生态系统的稳定运行提供支持。

但是，黄河流域生态保护与高质量发展之间仍存在需要协调的矛盾。高质量发展需要追求经济的增长，但如果忽视生态环境的保护，就可能带来大量的环境污染和生态破坏，需要在经济增长与生态保护之间取得平衡。因此，生态保护和高质量发展之间应进行科学有效的协调，既要避免一味地牺牲生态环境来追求经济效益，也要保证生态环境的合理利用，为高质量发展提供支撑。

二　维度层耦合关系

在本书中，生态保护可细分为资源利用、环境治理和生态质量 3 个维度层，高质量发展可细分为创新发展、协调发展、开放发展、共享发展 4 个维度层，这 7 个维度层之间存在着密切的耦合机理。

资源利用与创新发展相互促进。生态保护注重对资源的合理利用，而高质量发展强调创新发展，把创新作为提高经济效益和保护生态环境的重要手段。可通过技术创新、节能减排、循环利用等方式，实现资源的高效、可持续利用，促进经济发展和环境保护的双赢。

环境治理有助于协调发展，协调发展推动环境治理。环境治理能够减轻生态环境压力，而高质量发展需要实现经济和社会的协调发展。通过制定有效的环保政策和措施，推动各个领域的协调发展，实现生态环境的保护和经济效益的提高。

生态质量是开放发展的强大驱动力。生态保护需要在保护生态环境的基础上实现生态质量的提升，高质量发展需要实现开放发展，打造多元化发展格局。通过加强生态文明建设，推动经济、社会和环境的可持续发展，提升生态质量，从而促进更高水平的开放发展。

生态质量和创新发展密切联系。创新发展可以推进技术进步和资源节约，从而提高生态质量。同时，良好的生态环境也可以激发人的创造力，促进经济的高质量增长。

共享发展对生态质量起到驱动作用。共享发展强调资源利用的公平和社会公正，而生态质量则关注环境的公共利益和公众健康。通过推动多方共享、促进公平发展、加强生态文明建设等方式，可以实现共享发展和生态保护的有机耦合。

资源利用和环境治理是相互依存、相互制约的。资源的合理利用可以减少资源浪费和污染排放，环境治理可以促进资源的保护和利用。在资源利用中注重环境保护，在环境治理中注重资源的可持续利用，可以实现资源利用和环境治理的双赢。

资源利用与生态保护相互制约。推动资源的充分利用，有助于提高经济效益，实现高质量发展。但做好生态保护工作需要合理利用资源、避免过度开采、严格控制污染，从而保障生态环境的可持续发展。因此，在资源利用和保护之间存在一定的矛盾。

创新发展与生态保护之间存在矛盾。高质量发展需要技术创新推动经济的快速增长，但过度追求技术进步可能会带来资源消耗和环境破坏。因此，在创新发展与生态保护之间需要保持平衡。

因此，生态保护和高质量发展之间是一种相互促进、相互制约的耦合关系。资源利用、环境治理、生态质量、创新发展、协调发展、开放发展、共享发展之间存在多方面、多层次的耦合机理，需要综合考虑各种因素的相互作用，促进各方面的协调发展，其作用机制如图3-1所示。

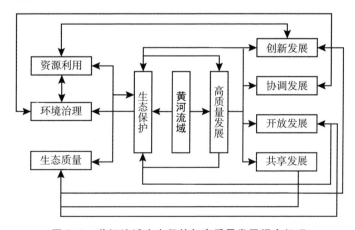

图 3-1 黄河流域生态保护与高质量发展耦合机理

第二节　耦合度测评

为反映黄河流域九省区生态保护与高质量发展的相互作用强度，根据公式计算各地区 2012~2021 年原模型及修正模型黄河流域九省区生态保护与高质量发展耦合度，结果见表 3-1。

表 3-1　黄河流域生态保护与高质量发展耦合度 C 值

年份		青海	四川	甘肃	宁夏	内蒙古	陕西	山西	河南	山东
2012	原	0.946	0.927	0.865	0.999	0.988	0.914	0.926	0.892	0.990
	新	0.630	0.550	0.472	0.956	0.803	0.520	0.570	0.494	0.805
2013	原	0.960	0.950	0.903	1.000	0.992	0.949	0.955	0.938	0.998
	新	0.675	0.612	0.530	0.969	0.840	0.604	0.647	0.590	0.902
2014	原	0.955	0.955	0.910	0.998	0.987	0.961	0.959	0.945	0.998
	新	0.651	0.623	0.533	0.922	0.795	0.642	0.655	0.604	0.913
2015	原	0.964	0.968	0.936	0.999	0.989	0.972	0.972	0.958	1.000
	新	0.676	0.673	0.586	0.945	0.803	0.686	0.704	0.641	0.959
2016	原	0.952	0.963	0.915	0.997	0.987	0.977	0.972	0.959	1.000
	新	0.622	0.646	0.520	0.901	0.781	0.707	0.696	0.635	0.966
2017	原	0.963	0.974	0.930	1.000	0.987	0.985	0.971	0.965	1.000
	新	0.657	0.690	0.548	0.987	0.786	0.757	0.692	0.657	0.981
2018	原	0.959	0.979	0.948	1.000	0.992	0.986	0.980	0.972	1.000
	新	0.642	0.711	0.600	0.986	0.825	0.762	0.735	0.684	0.965
2019	原	0.949	0.982	0.953	1.000	0.993	0.990	0.979	0.978	1.000
	新	0.600	0.726	0.607	0.975	0.833	0.793	0.727	0.709	0.964
2020	原	0.970	0.983	0.965	1.000	0.997	0.995	0.985	0.988	0.998
	新	0.681	0.727	0.649	0.985	0.898	0.843	0.758	0.770	0.898
2021	原	0.973	0.991	0.964	1.000	0.995	0.997	0.984	0.990	0.996
	新	0.690	0.795	0.643	0.993	0.856	0.881	0.750	0.792	0.863

注："原"对应的是传统耦合度模型计算结果，"新"对应的是修正的耦合度模型计算结果。

可以看出，原模型与修正模型的耦合度计算结果差异较大。以原模型计算 2012~2021 年黄河流域九省区生态保护与高质量发展耦合度，C 值分布于 [0.865，1.000]，全部为高度耦合及良性共振类型，97.78% 的 C 值都大于 0.9，并不能有效区分耦合类型。使用修正模型进行计算，得出 C 值分布于 [0.472，0.993]，耦合度更准确地分散分布于 [0，1]，显著区分了黄河流域九省区间耦合程度，效度提高，有效修正了原模型耦合度计算结果偏高的问题，更加符合黄河流域生态保护与高质量发展的实际情况。

在修正模型计算的 C 值中，最小值为 2012 年的甘肃，耦合度仅为 0.472，为中度耦合类型，尚处于发展阶段初期，生态保护子系统与高质量发展子系统离散程度较大；最大值为 2021 年的宁夏，耦合度达到 0.993，达到高度耦合，生态保护子系统与高质量发展子系统进入共融共生的高水平耦合阶段。

一　耦合度增速分析

从黄河流域九省区生态保护与高质量发展耦合度发展速度来看，陕西增速最快，从 2012 年的 0.520 以 6.03% 的年均增速达到 2021 年的 0.881，从中度耦合发展为高度耦合；宁夏增速最低，年均增速仅为 0.42%，但 2012~2021 年宁夏一直处于高水平耦合阶段。值得注意的是，青海和甘肃在 2021 年仍未达到高度耦合，处在中度耦合阶段。青海年均增速仅为 1.02%，耦合度排名从 2012 年的第四位逐年下降至 2019 年的第九位，在 2019~2021 年略微回升至第八位，说明青海有着较好的耦合度基础，但因为子系统之间耦合度发展速度较慢，逐渐落后于黄河流域其他省区。2012~2021 年甘肃在黄河流域各省区中子系统耦合度均处于低位，除 2019 年为第八位外，其余年份均排第九，子系统间耦合度处于落后水平，年均增速为 3.50%，在黄河流域属于中等水平，其生态保护与高质量发展耦合度仍有较大的发展潜力。

从黄河流域各省区生态保护与高质量发展耦合度发展阶段来看，宁夏、山东、内蒙古三省区在 2012 年已经属于高度耦合类型，处于发展阶段中后期，并且在 2012~2021 年维持在高度耦合，生态保护和高质量发展子系统处于共融、共生的高水平耦合阶段，在黄河流域属于领先水平。陕西在2012~2015 年为中度耦合类型，在 2016 年发展为高度耦合类型。四川、河南在 2012 年均属于中度耦合类型，分别于 2018 年、2019 年上升为高度耦合类型。山西的生态保护和高质量发展子系统耦合阶段发展历程较为曲折，2012~2014 年为中度耦合类型，在 2015 年上升至高度耦合类型，但在 2016年回退为中度耦合，到 2018 年才回升至高度耦合类型，并一直保持到 2021年。甘肃、青海两省在 2012~2021 年一直属于中度耦合类型，未能成功发展至高水平耦合阶段。

二 耦合度类型分析

对 2012~2021 年黄河流域生态保护与高质量发展耦合度类型进行分析，见图 3-2。黄河流域生态保护与高质量发展耦合度类型分布可分为 4 个阶段。2012~2014 年，有 3 个省区属于高度耦合类型，分别是宁夏、山东、内蒙古，其余省区为中度耦合；2015~2017 年有 4 个省区属于高度耦合类型，除了宁夏、内蒙古、山东，2015 年新增山西，2016 年与 2017 年新增陕西，

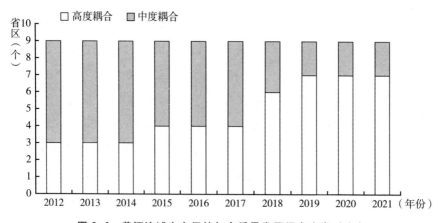

图 3-2 黄河流域生态保护与高质量发展耦合度类型分布

而山西降回中度耦合类型；2018 年，有 6 个省区属于高度耦合类型，有 3 个省区仍处于中度耦合阶段，分别为青海、甘肃、河南；2019～2021 年，河南发展为高度耦合类型，仅有青海、甘肃仍处于中度耦合类型。总体来看，2012～2021 年高度耦合省区占比不断提高，生态保护子系统与高质量发展子系统耦合度呈上升趋势。

三 耦合度均值分析

对 2012～2021 年黄河流域生态保护与高质量发展耦合度均值进行分析，见图 3-3。由图可知，黄河流域九省区生态保护与高质量发展耦合情况可分为三个梯队，宁夏、山东、内蒙古为第一梯队，陕西、山西、四川、河南、青海为第二梯队，甘肃为第三梯队。从耦合类型看，宁夏、山东、内蒙古、陕西的耦合度均值高于 0.7，属于高度耦合类型，其中宁夏耦合度均值最高，达到 0.962。山西、四川、河南、青海、甘肃均属于中度耦合类型，耦合度均值分别为 0.693、0.675、0.658、0.652、0.569，其中甘肃耦合度均值排名第九，与排名第八的青海相差 0.083，仅为宁夏的 59.15%，耦合度落后明显，有较大提升空间。

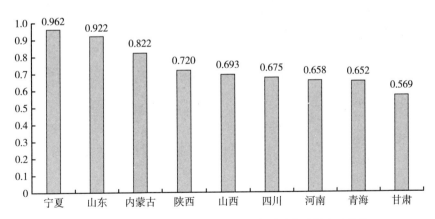

图 3-3 黄河流域九省区生态保护与高质量发展耦合度均值

四 耦合度走势分析

对 2012～2021 年黄河流域生态保护与高质量发展耦合度变化趋势进行分析，见图 3-4。总体来看，黄河流域生态保护与高质量发展耦合度呈波动上升趋势。从耦合类型看，2012 年耦合度为 0.644，处于中度耦合类型，其余年份均为高度耦合，生态保护子系统与高质量发展子系统均高效发展。从发展速度看，2014 年和 2016 年耦合度呈负增长，其余年份耦合度均为正向增长。其中，2013 年的增速最快，为 9.94%；2017～2021 年增速逐渐减慢，从 2017 年的 4.45%减缓至 2021 年的 0.75%，说明各子系统进入共融共生的高水平耦合阶段。

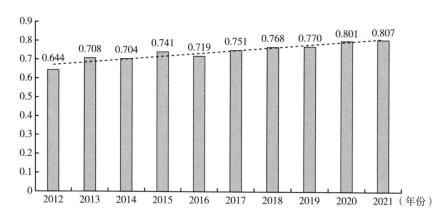

图 3-4 黄河流域生态保护与高质量发展耦合度变化趋势

第三节 耦合协调度测评

为反映黄河流域九省区生态保护与高质量发展的耦合协调度，根据公式计算 2012～2021 年黄河流域九省区原模型及修正模型生态保护与高质量发展耦合协调度，结果见表 3-2。

表 3-2 黄河流域生态保护与高质量发展耦合协调度 D 值

年份/D 值		青海	四川	甘肃	宁夏	内蒙古	陕西	山西	河南	山东
2012	原	0.570	0.642	0.533	0.486	0.605	0.636	0.585	0.591	0.718
	新	0.465	0.494	0.394	0.475	0.546	0.480	0.459	0.440	0.647
2013	原	0.575	0.654	0.560	0.532	0.623	0.668	0.605	0.615	0.724
	新	0.482	0.525	0.429	0.524	0.573	0.533	0.498	0.488	0.688
2014	原	0.594	0.674	0.587	0.576	0.640	0.688	0.622	0.636	0.741
	新	0.490	0.544	0.449	0.553	0.574	0.563	0.514	0.508	0.709
2015	原	0.615	0.683	0.609	0.579	0.639	0.710	0.643	0.654	0.750
	新	0.515	0.569	0.482	0.563	0.576	0.596	0.547	0.535	0.735
2016	原	0.653	0.706	0.644	0.638	0.679	0.726	0.669	0.681	0.777
	新	0.527	0.578	0.486	0.606	0.604	0.618	0.566	0.554	0.764
2017	原	0.667	0.729	0.665	0.648	0.680	0.739	0.670	0.698	0.788
	新	0.550	0.614	0.511	0.644	0.607	0.648	0.565	0.576	0.781
2018	原	0.667	0.754	0.673	0.656	0.680	0.753	0.688	0.713	0.795
	新	0.546	0.642	0.535	0.652	0.621	0.662	0.596	0.598	0.781
2019	原	0.678	0.776	0.697	0.686	0.689	0.776	0.695	0.729	0.794
	新	0.539	0.667	0.556	0.677	0.631	0.695	0.599	0.621	0.780
2020	原	0.694	0.799	0.710	0.705	0.699	0.804	0.716	0.768	0.816
	新	0.582	0.687	0.583	0.699	0.664	0.740	0.628	0.679	0.774
2021	原	0.701	0.798	0.724	0.721	0.707	0.819	0.719	0.779	0.841
	新	0.591	0.714	0.592	0.719	0.656	0.770	0.628	0.697	0.783

注:"原"对应的是基于传统耦合度模型计算结果,"新"对应的是基于修正的耦合度模型计算结果。

可以看出,原模型与修正模型的耦合协调度计算结果差异较大。由于使用传统模型得出的 C 值普遍偏高,耦合协调度计算结果主要依赖于系统自身的协调发展,导致系统协调水平作用弱化,难以体现耦合协调的价值和意义。使用修正模型计算 2012~2021 年黄河流域九省区生态保护与高质量发展耦合协调度,D 值范围从 [0.486,0.841] 变为 [0.394,0.783],由于修正模型加大了 C 值区分度,使计算出的 D 值更符合黄河流域生态保护和高质量发展协调程度的实际情况。

在修正模型计算的 D 值中,最小值为 2012 年的甘肃,耦合协调度仅为

0.394，为轻度失调状态，生态保护子系统与高质量发展子系统协调程度较低；最大值为2021年的山东，耦合协调度达到0.783，达到中级协调状态。

一　耦合协调度增速分析

从黄河流域九省区生态保护与高质量发展耦合协调度发展速度来看，陕西的年均增速最高，达5.39%，耦合协调度从2012年的0.480增加到2021年的0.770，从濒临失调发展为中级协调，从第四位上升至第二位。耦合协调度年均增速高于5%的另一个省区是河南，耦合协调度从2012年的0.440以5.24%的年均增速增至2021年的0.697，从濒临失调发展为初级协调，耦合协调度位次从第八位上升至第五位。青海、内蒙古、山东的耦合协调度年均增速较低，均低于3%。其中，山东在2012年为黄河流域唯一达到初级协调的省份，2021年为中级协调，虽年均增速较低，但其耦合协调度在黄河流域一直处于第一位，子系统间耦合协调程度较高。青海2012年的耦合协调度为0.465，在黄河流域排名第六，属于中游位置，但年均增速较低，仅为2.70%，到2021年耦合协调度仅为0.591，在黄河流域排名第九，下滑三个位次。内蒙古的年均增速为2.06%，为黄河流域耦合协调度年均增速最低的省区，2012年其耦合协调度为0.546，位排名第二位，在黄河流域属于第一梯队，到2021年其耦合协调度为0.656，位次下滑至第六位，耦合协调度从勉强协调发展至初级协调，仅上升一个等级。

从黄河流域各省区生态保护与高质量发展耦合协调度发展阶段来看，山东为2012年黄河流域唯一处于初级协调状态的省区，并在2014年进入中级协调状态。内蒙古在2012年属于勉强协调状态，在2016年进入初级协调状态，但至2021年也未能成功进入中级协调状态。四川、陕西、宁夏在2012年为濒临失调状态，均在2013年达到勉强协调状态，陕西和宁夏在2016年达到初级协调状态，四川在2017年达到初级协调状态，在此之后，陕西在2020年率先发展为中级协调状态，四川和宁夏于2021年发展为中级协调状态。山西和河南的耦合协调水平发展情况较为相似，在2012年为濒临失调状态，在2014年进入勉强协调状态，分别在2020年、

2019 年达到初级协调状态。青海在 2012~2014 年为濒临失调状态，在 2015~2021 年一直为勉强协调状态。甘肃是 2012 年黄河流域唯一处于轻度失调状态省区，在 2013~2016 年为濒临失调状态，在 2017~2021 年间处于勉强协调状态。

二 耦合协调度类型分析

总体来看，2012~2021 年黄河流域耦合协调度为濒临失调和轻度失调等级的省区消失，中级协调等级省区逐渐增多，生态保护子系统与高质量发展子系统耦合协调度呈上升趋势，见图 3-5。2012 年，黄河流域不存在中级协调省区，仅有山东为初级协调等级，内蒙古为勉强协调等级，甘肃为轻度失调等级，其余 6 个省区均处于濒临失调等级。2013 年，四川、陕西、宁夏从濒临失调等级上升至勉强协调等级，甘肃从轻度失调等级变为濒临失调等级。2014~2015 年，山东进入中级协调等级，山西、河南、青海从濒临失调等级上升至勉强协调等级。2016 年，宁夏、内蒙古、陕西从勉强协调等级上升为初级协调等级。2017 年，四川从勉强协调等级上升为初级协调等级，甘肃从濒临失调等级上升为勉强协调等级。2019 年，河南从勉强协调等级上升为初级协调等级。2020 年，山西从勉强协调等级上升为初级协调等级，

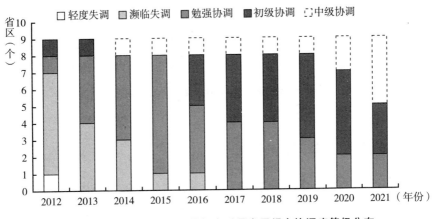

图 3-5 黄河流域生态保护与高质量发展耦合协调度等级分布

陕西从初级协调等级进入中级协调等级；2021年，宁夏、四川从初级协调等级进入中级协调等级。

三　耦合协调度均值分析

对2012~2021年黄河流域九省区生态保护与高质量发展耦合协调度均值进行分析，见图3-6。黄河流域各省区生态保护与高质量发展耦合协调情况可分为三个梯队，山东为第一梯队，陕西、宁夏、内蒙古、四川为第二梯队，河南、山西、青海、甘肃为第三梯队。仅有山东的耦合协调度均值高于0.7，达到0.744，处在中级协调等级，与黄河流域其他省区相比领先优势明显；陕西、宁夏、内蒙古、四川的耦合协调度均值在0.6~0.7之间，处于初级协调等级；河南、陕西、青海、甘肃的耦合协调度均值在0.5~0.6之间，处于勉强协调等级，耦合协调程度有较大的提升空间。

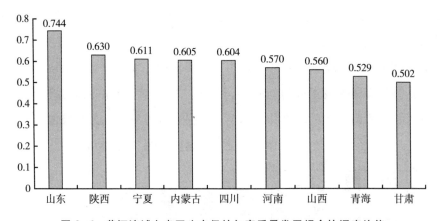

图3-6　黄河流域九省区生态保护与高质量发展耦合协调度均值

四　耦合协调度走势分析

对2012~2021年黄河流域生态保护与高质量发展耦合协调度变化趋势进行分析，见图3-7。总体来看，黄河流域生态保护与高质量发展耦合协调度呈逐年上升趋势。从耦合协调度等级来看，2012年黄河流域耦合协调度为 0.489，属于濒临失调状态；2013～2016 年，其耦合协调度从 0.527 上升至 0.589，处于勉强协调等级；2017～2021 年，其耦合协调度从 0.611 上升至 0.683，处于初级协调状态。从发展速度来看，黄河流域生态保护与高质量发展耦合协调度逐年增长，但速度降低，增速从 2012 年的 7.74% 下降到 2021 年的 1.94%，耦合协调度发展速度放缓。

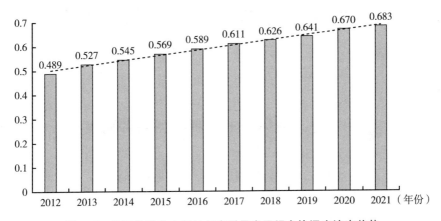

图 3-7　黄河流域生态保护与高质量发展耦合协调度演变趋势

第四章

黄河流域发展指数制约因素障碍度测评

第一节　指标层主要制约因素障碍度

根据"二八定律"，按照指标障碍度由高到低进行排序，选取前20%的指标作为主要制约因素。由于测评体系包含40个指标，因此，本书重点对障碍度排在前八的指标进行深入探讨。

一　全流域指标层主要制约因素障碍度

根据障碍度诊断分析模型，计算得出2012～2021年黄河流域发展指数主要制约因素障碍度，具体见表4-1。

表4-1　2012～2021年黄河流域发展指数主要制约因素障碍度

单位：%

年份	因素1	因素2	因素3	因素4	因素5	因素6	因素7	因素8
2012	x_{16}	x_{22}	x_{25}	x_{13}	x_{31}	x_{17}	x_{21}	x_{15}
	45.09	41.56	39.03	38.96	36.87	35.52	33.54	33.28
2013	x_{16}	x_{22}	x_{25}	x_{31}	x_{13}	x_{17}	x_{21}	x_{33}
	46.85	41.77	37.95	37.11	36.15	35.75	34.09	33.12
2014	x_{16}	x_{22}	x_{25}	x_{31}	x_{17}	x_{13}	x_{21}	x_{33}
	49.53	43.37	38.45	38.00	37.34	35.20	34.84	33.88

续表

年份	因素 1	因素 2	因素 3	因素 4	因素 5	因素 6	因素 7	因素 8
2015	x_{16}	x_{22}	x_{13}	x_{31}	x_{17}	x_{25}	x_{33}	x_{14}
	51.13	43.25	42.19	39.90	39.85	38.33	33.03	33.00
2016	x_{16}	x_{22}	x_{31}	x_{13}	x_{25}	x_{17}	x_{14}	x_{21}
	55.61	46.58	43.22	41.21	40.58	39.75	35.49	33.72
2017	x_{16}	x_{13}	x_{22}	x_{31}	x_{25}	x_{17}	x_{14}	x_{21}
	57.40	47.33	47.18	42.89	41.28	38.36	36.01	33.99
2018	x_{16}	x_{13}	x_{22}	x_{31}	x_{25}	x_{17}	x_{14}	x_{21}
	59.40	49.66	46.04	42.78	40.01	36.29	36.02	34.38
2019	x_{16}	x_{13}	x_{22}	x_{31}	x_{25}	x_{14}	x_{21}	x_{11}
	62.77	52.81	48.44	44.37	38.43	36.68	36.01	34.72
2020	x_{16}	x_{13}	x_{22}	x_{31}	x_{14}	x_{30}	x_{21}	x_{33}
	61.27	59.93	49.20	46.52	38.59	34.97	34.58	32.66
2021	x_{16}	x_{13}	x_{22}	x_{31}	x_{33}	x_{14}	x_{30}	x_{11}
	67.73	64.48	48.35	42.94	38.86	38.70	33.63	32.42

注：x_i 为指标编号，其下方数据为指标对应的障碍度，下同。

可以看出，2012~2021 年黄河流域发展指数主要制约因素障碍度有以下几个趋势。（1）障碍度最大的因素是自然保护区占辖区面积比重（x_{16}），2012~2021 年该指标障碍度一直处于首位，且呈现不断上升的演化态势，2021 年高达 67.73%。（2）障碍度排名第二、第三、第四位的因素集中于技术市场成交额占 GDP 比重（x_{22}）、工业污染治理投资占工业增加值比重（x_{13}）、人均进出口值（x_{31}），3 个因素的障碍度均高于 35%。其中，技术市场成交额占 GDP 比重（x_{22}）的障碍度一直位于前三位；工业污染治理投资占工业增加值比重（x_{13}）的障碍度排名不断上升，2017 年开始稳居第二位；人均进出口值（x_{31}）的障碍度排名一直位于第四位左右。（3）障碍度排名第五至第八位的因素集中于农业产业劳动生产率（x_{25}）、地表水达到或好于Ⅲ类水体比例（x_{17}）、每万人发明专利授权量（x_{21}）、对外投资占 GDP 比重（x_{33}）、森林覆盖率（x_{14}）。

其中，地表水达到或好于Ⅲ类水体比例（x_{17}）、农业产业劳动生产率（x_{25}）、每万人发明专利授权量（x_{21}）的障碍度排名不断下降，并分别于

2019 年、2020 年、2021 年退出前八位，制约作用不断降低；对外投资占 GDP 比重（x_{33}）、森林覆盖率（x_{14}）的障碍度排名不断上升，分别于 2013 年、2015 进入前八位，随后排名不断上升，2021 年分别位于第五、第六位，制约作用增强。另外，外贸依存度（x_{30}）、工业固体废弃物综合利用率（x_{11}）的障碍度排名近期呈上升趋势，2021 年分别位于第七、第八位。

计算 2012~2021 年黄河流域发展指数主要制约因素出现的频数，绘制黄河流域发展指数主要制约因素频数图，见图 4-1。

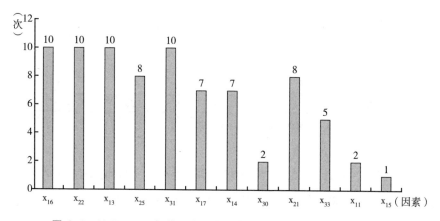

图 4-1　2012~2021 年黄河流域发展指数主要制约因素出现的频数

可以看出，自然保护区占辖区面积比重（x_{16}）、技术市场成交额占 GDP 比重（x_{22}）、工业污染治理投资占工业增加值比重（x_{13}）、人均进出口值（x_{31}）出现的频数均为 10 次，这些指标对黄河流域发展指数的障碍度最高、制约性最强；农业产业劳动生产率（x_{25}）、每万人发明专利授权量（x_{21}）出现的频数为 8 次，地表水达到或好于Ⅲ类水体比例（x_{17}）、森林覆盖率（x_{14}）出现的频数为 7 次，这些指标对黄河流域发展指数的障碍度较高，制约性较强；对外投资占 GDP 比重（x_{33}）出现的频数为 5 次，该指标对黄河流域发展指数具有一定的制约性。

二　九省区指标层主要制约因素障碍度

根据障碍度诊断分析模型，计算得出 2012~2021 年黄河流域九省区发展指数主要制约因素障碍度，并进行深入分析。

1. 青海

2012~2021年青海发展指数的主要制约因素障碍度见表4-2。

表4-2　2012~2021年青海发展指数主要制约因素障碍度

单位：%

年份	因素1	因素2	因素3	因素4	因素5	因素6	因素7	因素8
2012	x_{14}	x_{15}	x_{25}	x_{31}	x_{13}	x_1	x_{22}	x_{33}
	5.03	4.35	4.32	4.31	4.25	4.25	4.00	3.78
2013	x_{14}	x_{15}	x_{31}	x_1	x_{13}	x_{25}	x_{22}	x_{21}
	5.03	4.41	4.28	4.26	4.14	4.10	3.82	3.76
2014	x_{14}	x_{31}	x_1	x_{25}	x_{15}	x_{22}	x_{21}	x_{33}
	5.23	4.40	4.39	4.16	4.14	3.97	3.87	3.83
2015	x_{14}	x_{31}	x_{15}	x_{25}	x_{13}	x_{21}	x_{23}	x_{33}
	5.41	4.53	4.42	4.35	4.05	3.85	3.84	3.80
2016	x_{14}	x_{31}	x_{15}	x_{25}	x_{23}	x_{33}	x_{21}	x_{32}
	5.94	5.04	4.72	4.66	4.13	4.11	4.10	4.08
2017	x_{14}	x_{31}	x_{13}	x_{15}	x_{25}	x_{30}	x_{21}	x_{32}
	6.10	5.36	5.28	4.66	4.61	4.34	4.27	4.18
2018	x_{14}	x_{31}	x_{13}	x_{15}	x_{30}	x_{32}	x_{25}	x_{21}
	5.98	5.38	5.01	4.55	4.37	4.26	4.25	4.18
2019	x_{14}	x_{22}	x_{31}	x_{13}	x_{30}	x_{15}	x_{21}	x_{32}
	6.22	5.84	5.63	4.93	4.61	4.50	4.36	4.20
2020	x_{14}	x_{13}	x_{22}	x_{31}	x_{30}	x_{32}	x_{21}	x_{15}
	6.34	6.00	5.94	5.81	4.78	4.46	4.38	4.34
2021	x_{14}	x_{22}	x_{13}	x_{31}	x_{30}	x_{32}	x_2	x_{33}
	6.45	5.99	5.91	5.88	4.84	4.62	4.61	4.45

可以看出，2012~2021年青海发展指数主要制约因素障碍度有以下趋势。（1）障碍度最大的因素是森林覆盖率（x_{14}），2012~2021年该指标障碍度排名一直居于首位，且呈现不断增长的演化态势，2021年为6.45%，增长28.23%；（2）障碍度排名第二、第三、第四位的因素集中于技术市场成交额占GDP比重（x_{22}）、工业污染治理投资占工业增加值比重（x_{13}）、人均

进出口值（x_{31}）。其中，技术市场成交额占 GDP 比重（x_{22}）的障碍度排名快速前移，从 2012 年的第七位上升至 2021 年的第二位，制约性明显增强；工业污染治理投资占工业增加值比重（x_{13}）的障碍度排名从 2012 年开始不断前移，2021 年为 5.91%，排第三位；人均进出口值（x_{31}）的障碍度排名一直居于前四位。（3）障碍度排名第五至第八的因素集中于外贸依存度（x_{30}）、外资开放度（x_{32}）、对外投资占 GDP 比重（x_{33}）、人均用电量（x_2）。其中，外贸依存度（x_{30}）、外资开放度（x_{32}）的障碍度排名不断上升，2021 年分别位于第五、第六位；对外投资占 GDP 比重（x_{33}）的障碍度排名基本稳定在第八位；人均用电量（x_2）的障碍度于 2021 年首次进入前八位，成为青海发展指数提升的又一重要制约因素。另外，城市人均公园绿地面积（x_{15}）、每万人发明专利授权量（x_{21}）的障碍度均于 2021 年退出前八位，制约性减弱。

2. 四川

2012~2021 年四川发展指数的主要制约因素障碍度见表 4-3。可以看出，2012~2021 年四川发展指数主要制约因素障碍度有以下趋势。（1）障碍度最大的因素是工业污染治理投资占工业增加值比重（x_{13}），该指标障碍度从 2015 年开始一直居于首位，且呈现不断上升的演化态势，2021 年为 8.39%，增长 58.30%。（2）障碍度排名第二、第三、第四位的因素集中于自然保护区占辖区面积比重（x_{16}）、技术市场成交额占 GDP 比重（x_{22}）、对外投资占 GDP 比重（x_{33}）。其中，自然保护区占辖区面积比重（x_{16}）、对外投资占 GDP 比重（x_{33}）的障碍度排名从 2012 开始呈现不断前移的发展趋势，2021 年其障碍度分别为 6.99%、5.71%，分别位于第二、第四位；技术市场成交额占 GDP 比重（x_{22}）的障碍度在 2014 年之前一直居于首位，随后波动下降，2021 年下降至第三位。（3）障碍度排名第五至第八位的因素集中于城市人均公园绿地面积（x_{15}）、工业固体废弃物综合利用率（x_{11}）、人均进出口值（x_{31}）、新产品销售收入占工业增加值比重（x_{23}）。其中，城市人均公园绿地面积（x_{15}）、工业固体废弃物综合利用率（x_{11}）的障碍度排名均波动上升，2021 年分别位于第五、第六位；人均进出口值（x_{31}）的障碍度排名近期下降，2020 年之前一直位于前五位，2021 年下降至第七位；新产品销售收入占工业增加值比重（x_{23}）的障碍度于 2020 年首次进入前八，2021 年为 4.13%，排第八位。另外，农业产业劳动生产率（x_{25}）的障碍度快速下降，2012 年排第三位，2019 年降低至第八位，2020年退出前八位，制约性明显降低。

表 4-3　2012~2021 年四川发展指数主要制约因素障碍度

单位：%

年份	因素 1	因素 2	因素 3	因素 4	因素 5	因素 6	因素 7	因素 8
2012	x_{22}	x_{13}	x_{25}	x_{15}	x_{31}	x_{33}	x_{16}	x_{21}
	5.30	5.30	4.70	4.69	4.48	4.20	3.98	3.98
2013	x_{22}	x_{13}	x_{25}	x_{15}	x_{31}	x_{16}	x_{33}	x_{18}
	5.29	5.25	4.63	4.55	4.47	4.35	4.23	4.06
2014	x_{22}	x_{13}	x_{15}	x_{25}	x_{31}	x_{16}	x_{33}	x_{21}
	5.45	5.42	4.74	4.67	4.61	4.55	4.36	4.03
2015	x_{13}	x_{22}	x_{31}	x_6	x_{16}	x_{15}	x_{25}	x_{17}
	5.68	5.32	4.94	4.77	4.60	4.46	4.44	4.37
2016	x_{13}	x_{22}	x_{31}	x_{16}	x_{15}	x_{17}	x_{25}	x_{33}
	6.10	5.74	5.30	4.98	4.52	4.47	4.46	4.46
2017	x_{13}	x_{22}	x_{16}	x_{31}	x_{15}	x_{11}	x_{33}	x_{25}
	6.47	5.95	5.33	5.27	4.80	4.62	4.62	4.58
2018	x_{13}	x_{16}	x_{31}	x_{22}	x_{33}	x_{15}	x_{25}	x_{11}
	7.03	5.77	5.31	5.26	4.96	4.89	4.71	4.58
2019	x_{13}	x_{16}	x_{31}	x_{22}	x_{33}	x_{11}	x_{15}	x_{25}
	7.65	6.26	5.51	5.41	5.12	4.97	4.62	4.54
2020	x_{13}	x_{22}	x_{11}	x_{33}	x_{31}	x_{15}	x_6	x_{23}
	8.13	6.00	5.74	5.68	5.60	4.81	4.61	4.40
2021	x_{13}	x_{16}	x_{22}	x_{33}	x_{15}	x_{11}	x_{31}	x_{23}
	8.39	6.99	5.88	5.71	5.20	5.18	5.01	4.13

3. 甘肃

2012~2021 年甘肃发展指数的主要制约因素障碍度见表 4-4。可以看出，2012~2021 年甘肃发展指数主要制约因素障碍度有以下趋势。（1）障碍度较大的因素为森林覆盖率（x_{14}）、工业污染治理投资占工业增加值比重（x_{13}）。

表 4-4 2012～2021 年甘肃发展指数主要制约因素障碍度

单位：%

年份	因素 1	因素 2	因素 3	因素 4	因素 5	因素 6	因素 7	因素 8
2012	x_{25}	x_{15}	x_{31}	x_{14}	x_{22}	x_{21}	x_{27}	x_{12}
	4.60	4.36	4.08	4.02	3.86	3.56	3.53	3.42
2013	x_{25}	x_{14}	x_{31}	x_{22}	x_{21}	x_{15}	x_{12}	x_{27}
	4.59	4.41	4.14	3.78	3.63	3.62	3.48	3.41
2014	x_{25}	x_{14}	x_{31}	x_{22}	x_{21}	x_{13}	x_{27}	x_{15}
	4.71	4.63	4.43	3.91	3.80	3.56	3.38	3.38
2015	x_{25}	x_{14}	x_{13}	x_{31}	x_{22}	x_{21}	x_{15}	x_{27}
	4.73	4.69	4.66	4.58	3.88	3.73	3.71	3.36
2016	x_{14}	x_{25}	x_{31}	x_{13}	x_{22}	x_{21}	x_{32}	x_{23}
	5.27	5.13	5.09	4.35	4.14	4.08	4.03	3.79
2017	x_{25}	x_{14}	x_{31}	x_{13}	x_{32}	x_{22}	x_{21}	x_{30}
	5.54	5.49	5.40	4.95	4.31	4.28	4.24	4.11
2018	x_{14}	x_{25}	x_{31}	x_{13}	x_{32}	x_{22}	x_{21}	x_{23}
	5.50	5.42	5.36	5.22	4.32	4.29	4.28	4.10
2019	x_{14}	x_{13}	x_{31}	x_{25}	x_{21}	x_{32}	x_{22}	x_{30}
	5.85	5.76	5.72	5.47	4.63	4.56	4.55	4.40
2020	x_{13}	x_{14}	x_{31}	x_{25}	x_{32}	x_{21}	x_{30}	x_{22}
	6.07	6.02	5.88	4.91	4.68	4.59	4.55	4.40
2021	x_{14}	x_{13}	x_{31}	x_{32}	x_{30}	x_{25}	x_{22}	x_{21}
	6.30	6.25	6.05	4.90	4.67	4.54	4.47	4.34

其中，森林覆盖率（x_{14}）的障碍度从 2012 年开始不断上升，2021 年升至 6.30%，排第一位；工业污染治理投资占工业增加值比重（x_{13}）的障碍度从 2014 年开始波动上升，2021 年为 6.25%，排第二位。（2）障碍度居中的因素为人均进出口值（x_{31}）、外资开放度（x_{32}）、外贸依存度（x_{30}）。其中，除 2015 年外，人均进出口值（x_{31}）的障碍度一直排第三位；外资开放度（x_{32}）、外贸依存度（x_{30}）的障碍度排名从 2017 年开始不断上升，2021 年分别位于第四、第五位。（3）障碍度较小的因素集中于农业产业劳动生产率（x_{25}）、技术市场成交额占 GDP 比重（x_{22}）、每万人发明专利授权量（x_{21}）。其中，农业产业劳动生产率（x_{25}）的障碍度波动下降，排名快速下降，2016 年之前一直位于第一位，2021 年降至第六位，制约性明显降低；技术市场成交额占

GDP 比重（x_{22}）、每万人发明专利授权量（x_{21}）的障碍度排名均出现后移，2021 年分别位于第七、第八位，均比 2012 年后移两位。

4. 宁夏

2012~2021 年宁夏发展指数的主要制约因素障碍度见表 4-5。可以看出，2012~2021 年宁夏发展指数主要制约因素障碍度有以下趋势。（1）障碍度最大的因素是自然保护区占辖区面积比重（x_{16}），2012~2021 年该指标障碍度排名一直居于首位，且呈现不断上升的演化态势，2021 年为 7.64%，增长 59.17%。（2）障碍度排名第二、第三、第四位的因素集中于技术市场成交额占 GDP 比重（x_{22}）、人均进出口值（x_{31}）、工业污染治理投资占工业增加值比重（x_{13}）。其中，技术市场成交额占 GDP 比重（x_{22}）的障碍度排名一直居于第二位，2021 年为 6.06%，增长 50.75%；人均进出口值（x_{31}）的障碍度从 2012 年开始波动上升，2019 年开始稳居第三位，制约性不断增强；工业污染治理投资占工业增加值比重（x_{13}）的障碍度从 2017 年开始不断上升，2021 年为 5.49%，排第四位。另外，城市土地集约利用（x_6）的障碍度在 2019 年之前一直位于第三位，2019 年开始退出前八位，但仍要关注其制约性。（3）障碍度排名第五至第八的因素集中于人均用电量（x_2）、森林覆盖率（x_{14}）、人均用水量（x_3）、外贸依存度（x_{30}）。其中，森林覆盖率（x_{14}）的障碍度不断上升，排名先升后降，2021 年为 5.04%，排第六位；人均用电量（x_2）、人均用水量（x_3）的障碍度分别从 2018 年、2013 年开始波动上升，2021 年分别位于第五、第七位；外贸依存度（x_{30}）的障碍度于 2020 年首次进入前八，2021 年为 4.45%，排第八位。

表 4-5　2012~2021 年宁夏发展指数主要制约因素障碍度

单位：%

年份	因素 1	因素 2	因素 3	因素 4	因素 5	因素 6	因素 7	因素 8
2012	x_{16}	x_{22}	x_6	x_5	x_{25}	x_{14}	x_{31}	x_4
	4.80	4.02	3.82	3.73	3.71	3.60	3.59	3.50
2013	x_{16}	x_{22}	x_6	x_{25}	x_{14}	x_{31}	x_5	x_3
	5.12	4.33	4.07	3.80	3.75	3.70	3.66	3.65

续表

年份	因素 1	因素 2	因素 3	因素 4	因素 5	因素 6	因素 7	因素 8
2014	x_{16}	x_{22}	x_6	x_{14}	x_{25}	x_3	x_{31}	x_5
	5.49	4.61	4.32	4.00	3.97	3.71	3.68	3.65
2015	x_{16}	x_{22}	x_6	x_{14}	x_{31}	x_{25}	x_3	x_1
	5.52	4.62	4.30	4.16	3.92	3.83	3.70	3.53
2016	x_{16}	x_{22}	x_6	x_{14}	x_{31}	x_{25}	x_3	x_1
	6.20	5.19	4.82	4.58	4.46	4.24	3.67	3.66
2017	x_{16}	x_{22}	x_6	x_{14}	x_{31}	x_{25}	x_{13}	x_3
	6.35	5.26	4.87	4.58	4.25	4.15	3.81	3.77
2018	x_{16}	x_{22}	x_6	x_{14}	x_{31}	x_{17}	x_2	x_{13}
	6.47	5.26	4.98	4.58	4.57	4.57	4.19	4.17
2019	x_{16}	x_{22}	x_{31}	x_{14}	x_{13}	x_2	x_3	x_{17}
	6.94	5.61	4.94	4.82	4.76	4.54	4.34	4.32
2020	x_{16}	x_{22}	x_{31}	x_{13}	x_{14}	x_3	x_2	x_{30}
	7.29	5.88	5.53	5.05	4.98	4.56	4.51	4.46
2021	x_{16}	x_{22}	x_{31}	x_{13}	x_2	x_{14}	x_3	x_{30}
	7.64	6.06	5.54	5.49	5.35	5.04	4.57	4.45

5. 内蒙古

2012~2021 年内蒙古发展指数的主要制约因素障碍度见表 4-6。

表 4-6　2012~2021 年内蒙古发展指数主要制约因素障碍度

单位：%

年份	因素 1	因素 2	因素 3	因素 4	因素 5	因素 6	因素 7	因素 8
2012	x_{16}	x_6	x_{17}	x_{13}	x_{22}	x_{31}	x_{21}	x_{33}
	5.05	4.87	4.68	4.44	4.34	4.24	3.85	3.64
2013	x_{16}	x_6	x_{22}	x_{17}	x_{31}	x_{21}	x_{33}	x_{13}
	5.23	5.01	4.92	4.72	4.36	3.98	3.67	3.61
2014	x_{16}	x_{22}	x_6	x_{17}	x_{31}	x_{21}	x_{33}	x_{23}
	5.65	5.27	4.93	4.54	4.42	4.18	3.66	3.59
2015	x_{16}	x_{17}	x_{22}	x_6	x_{31}	x_{33}	x_{13}	x_{21}
	5.61	5.54	5.25	4.53	4.48	4.26	4.15	4.01
2016	x_{16}	x_{22}	x_{17}	x_{31}	x_6	x_{13}	x_{21}	x_{11}
	6.19	5.81	5.50	4.95	4.74	4.59	4.38	4.06

续表

年份	因素1	因素2	因素3	因素4	因素5	因素6	因素7	因素8
2017	x_{16}	x_{22}	x_{17}	x_{31}	x_6	x_{11}	x_{21}	x_{13}
	6.20	5.79	5.45	4.82	4.75	4.52	4.40	4.06
2018	x_{16}	x_{17}	x_{22}	x_{31}	x_6	x_{11}	x_{13}	x_{21}
	6.19	5.81	5.78	4.73	4.71	4.61	4.43	4.38
2019	x_{16}	x_{22}	x_{17}	x_{13}	x_6	x_{31}	x_2	x_{11}
	6.32	5.89	4.98	4.89	4.84	4.78	4.61	4.60
2020	x_{16}	x_{22}	x_{13}	x_2	x_{31}	x_6	x_{17}	x_{21}
	6.48	5.98	5.41	5.13	4.93	4.92	4.79	4.43
2021	x_{16}	x_{22}	x_2	x_{13}	x_{31}	x_6	x_{32}	x_{11}
	6.64	6.14	5.36	5.23	4.89	4.87	4.44	4.37

可以看出，2012~2021 年内蒙古发展指数主要制约因素障碍度有以下趋势。（1）障碍度最大的因素是自然保护区占辖区面积比重（x_{16}），2012~2021 年该指标障碍度排名一直居于首位，且呈现不断增长的演化态势，2021 年为 6.64%，增长 31.49%。（2）障碍度排名第二、第三、第四位的因素集中于技术市场成交额占 GDP 比重（x_{22}）、人均用电量（x_2）、工业污染治理投资占工业增加值比重（x_{13}）。其中，技术市场成交额占 GDP 比重（x_{22}）的障碍度排名从 2012 年开始不断前移，2021 年为 6.14%，排第二位；人均用电量（x_2）的障碍度从 2019 年开始进入前八位，且排名不断上升，2021 年为 5.36%，排第三位；工业污染治理投资占工业增加值比重（x_{13}）的障碍度排名先降后升、波动发展，2021 年为 5.23%，排第四位。另外，地表水达到或好于Ⅲ类水体比例（x_{17}）的障碍度排名在 2012~2019 年一直位于前四位，虽然 2021 年退出前八位，仍需关注其制约性。（3）障碍度排名第五至第八的因素集中于人均进出口值（x_{31}）、城市土地集约利用（x_6）、外资开放度（x_{32}）、工业固体废弃物综合利用率（x_{11}）。其中，人均进出口值（x_{31}）的障碍度数值和排名均波动上升，2021 年为 4.89%，排第五位；城市土地集约利用（x_6）的障碍度排名不断下降，2021 年为 4.87%，排第六位，比 2012 年后移四位；外资开放度（x_{32}）的障碍度 2021 年首次进入

前八位，其值为4.44%，排第七位；工业固体废弃物综合利用率（x_{11}）的障碍度从2016年开始进入前八位，且排名先升后降，2021年为4.37%，排第八位。另外，每万人发明专利授权量（x_{21}）的障碍度在2019年之前一直位于第六至第八位，2021年退出前八位，制约作用减弱。

6. 陕西

2012~2021年陕西发展指数的主要制约因素障碍度见表4-7。

表4-7 2012~2021年陕西发展指数主要制约因素障碍度

单位：%

年份	因素1	因素2	因素3	因素4	因素5	因素6	因素7	因素8
2012	x_{16}	x_{17}	x_{31}	x_{13}	x_{25}	x_{15}	x_{26}	x_{28}
	7.18	5.08	4.86	4.71	4.69	4.32	4.30	4.10
2013	x_{16}	x_{17}	x_{31}	x_{25}	x_{13}	x_{15}	x_{33}	x_{26}
	7.56	5.07	4.96	4.64	4.63	4.45	4.30	4.27
2014	x_{16}	x_{17}	x_{13}	x_{31}	x_{25}	x_{33}	x_{15}	x_{26}
	7.89	5.57	5.13	4.95	4.68	4.43	4.29	4.17
2015	x_{16}	x_{13}	x_{17}	x_{31}	x_{25}	x_{33}	x_{15}	x_{23}
	8.31	5.49	5.29	5.10	4.88	4.59	4.47	4.33
2016	x_{16}	x_{13}	x_{17}	x_{31}	x_{25}	x_{15}	x_{33}	x_{23}
	8.70	6.04	5.83	5.30	4.93	4.83	4.62	4.40
2017	x_{16}	x_{13}	x_{31}	x_{25}	x_{15}	x_{33}	x_{17}	x_{11}
	8.98	6.38	5.04	4.99	4.79	4.72	4.59	4.55
2018	x_{16}	x_{13}	x_{15}	x_{25}	x_{11}	x_{33}	x_{31}	x_{23}
	9.42	6.53	5.55	5.03	5.02	4.93	4.80	4.46
2019	x_{16}	x_{13}	x_{15}	x_{11}	x_{33}	x_{31}	x_{25}	x_{23}
	10.22	6.95	6.12	5.28	5.25	5.22	5.08	4.55
2020	x_{16}	x_{13}	x_{15}	x_{33}	x_{31}	x_{23}	x_{11}	x_{30}
	11.41	8.03	5.98	5.91	5.65	4.99	4.37	4.21
2021	x_{16}	x_{13}	x_{33}	x_{15}	x_{31}	x_{23}	x_{11}	x_{30}
	12.21	9.14	6.65	6.32	5.26	4.94	4.92	4.18

2012~2021年陕西发展指数主要制约因素障碍度有以下趋势。（1）障碍度最大的因素是自然保护区占辖区面积比重（x_{16}），2012~2021年该指

标障碍度排名一直居于首位,且呈现不断增长的演化态势,2021年为12.21%,增长70.06%。(2)障碍度排名第二、第三、第四位的因素集中于工业污染治理投资占工业增加值比重(x_{13})、对外投资占GDP比重(x_{33})、城市人均公园绿地面积(x_{15})。其中,工业污染治理投资占工业增加值比重(x_{13})的障碍度自2013年起不断上升,且位次不断前移,2015年开始稳居第二位,制约性不断增强;对外投资占GDP比重(x_{33})、城市人均公园绿地面积(x_{15})的障碍度排名从2013年开始波动上升,2021年分别位于第三、第四位。(3)障碍度排名第五至第八的因素集中于人均进出口值(x_{31})、新产品销售收入占工业增加值比重(x_{23})、工业固体废弃物综合利用率(x_{11})、外贸依存度(x_{30})。其中,人均进出口值(x_{31})的障碍度排名波动下降,2021年排第五位,比2012年后移两位;新产品销售收入占工业增加值比重(x_{23})、工业固体废弃物综合利用率(x_{11})的障碍度分别于2015年、2017年进入前八位,且排名不断上升,2021年分别位于第六、第七位;外贸依存度(x_{30})的障碍度于2020年首次进入前八,2021年为4.18%,排第八位。另外,农业产业劳动生产率(x_{25})的障碍度在2012~2018年一直位于第四至第五位,2020年退出前八位,制约性明显降低。

7. 山西

2012~2021年山西发展指数的主要制约因素障碍度见表4-8。2012~2021年山西发展指数主要制约因素障碍度有以下趋势。(1)障碍度最大的因素是自然保护区占辖区面积比重(x_{16}),2012~2021年该指标障碍度排名一直居于首位,且呈现不断增长的演化态势,2021年为8.01%,增长34.62%。(2)障碍度排名第二、第三、第四位的因素集中于工业污染治理投资占工业增加值比重(x_{13})、技术市场成交额占GDP比重(x_{22})、人均进出口值(x_{31})。其中,工业污染治理投资占工业增加值比重(x_{13})的障碍度数值和排名均不断上升,2021年为6.27%,增长59.95%,排第二位,前移六位,制约性明显增强;技术市场成交额占GDP比重(x_{22})、人均进出口值(x_{31})的障碍度排名小幅波动,均比2012年移动一位,变动幅度较

表 4-8　2012～2021 年山西发展指数主要制约因素障碍度

单位：%

年份	因素 1	因素 2	因素 3	因素 4	因素 5	因素 6	因素 7	因素 8
2012	x_{16}	x_{22}	x_{17}	x_{25}	x_{31}	x_{15}	x_{26}	x_{13}
	5.95	4.80	4.79	4.60	4.27	4.13	4.01	3.92
2013	x_{16}	x_{17}	x_{22}	x_{25}	x_{31}	x_{15}	x_{14}	x_{21}
	6.17	5.14	4.80	4.50	4.35	4.07	3.78	3.77
2014	x_{16}	x_{17}	x_{22}	x_{25}	x_{31}	x_{15}	x_{13}	x_{14}
	6.37	5.11	4.98	4.56	4.48	4.15	4.08	3.90
2015	x_{16}	x_{17}	x_{22}	x_{31}	x_{25}	x_{15}	x_{13}	x_{14}
	6.62	5.71	5.15	4.69	4.61	4.18	4.11	4.05
2016	x_{16}	x_{17}	x_{22}	x_{31}	x_{25}	x_{15}	x_{13}	x_{21}
	7.05	5.64	5.54	4.89	4.78	4.33	4.20	3.93
2017	x_{16}	x_{22}	x_{31}	x_{25}	x_{17}	x_{15}	x_{33}	x_{21}
	7.07	5.33	4.87	4.86	4.79	4.28	3.99	3.95
2018	x_{16}	x_{22}	x_{31}	x_{25}	x_{17}	x_{15}	x_{13}	x_{21}
	7.35	5.32	4.95	4.89	4.76	4.31	4.30	4.15
2019	x_{16}	x_{22}	x_{31}	x_{17}	x_{13}	x_{25}	x_{33}	x_{21}
	7.51	5.68	5.01	4.98	4.64	4.63	4.25	4.23
2020	x_{16}	x_{22}	x_{13}	x_{31}	x_{33}	x_{21}	x_{11}	x_{25}
	7.92	6.31	5.41	5.25	4.68	4.19	4.04	4.01
2021	x_{16}	x_{13}	x_{22}	x_{31}	x_{33}	x_{11}	x_{15}	x_{14}
	8.01	6.27	6.09	4.85	4.85	4.06	3.95	3.93

小，制约性趋稳。另外，地表水达到或好于Ⅲ类水体比例（x_{17}）的障碍度排名波动下降，2016 年前制约性较强，2020 年退出前八位，制约作用减弱。（3）障碍度排名第五至第八的因素集中于对外投资占 GDP 比重（x_{33}）、工业固体废弃物综合利用率（x_{11}）、城市人均公园绿地面积（x_{15}）、森林覆盖率（x_{14}）、每万人发明专利授权量（x_{21}）。其中，对外投资占 GDP 比重（x_{33}）、工业固体废弃物综合利用率（x_{11}）的障碍度分别于 2017 年、2020 年进入前八位，2021 年分别位于第五、第六位；城市人均公园绿地面积（x_{15}）、森林覆盖率（x_{14}）的障碍度排名不断下降，

2021年分别位于第七、第八位，均比2013年后移一位；每万人发明专利授权量（x_{21}）的障碍度排名在2016~2019年期间一直位于第八位，2020年前移至第六位，但2021年退出前八位。另外，农业产业劳动生产率（x_{25}）的障碍度在2012~2018年期间一直位于第四至第五位，2021年退出前八位，制约性明显降低。

8. 河南

2012~2021年河南发展指数的主要制约因素障碍度见表4-9。2012~2021年河南发展指数主要制约因素障碍度有以下趋势。（1）障碍度最大的因素是自然保护区占辖区面积比重（x_{16}），2012~2021年该指标障碍度排名一直居于首位，且呈现不断增长的演化态势，2021年为10.73%，增长56.87%。（2）障碍度排名第二、第三、第四位的因素集中于工业污染治理投资占工业增加值比重（x_{13}）、人均进出口值（x_{31}）、技术市场成交额占GDP比重（x_{22}）。其中，工业污染治理投资占工业增加值比重（x_{13}）、人均进出口值（x_{31}）的障碍度不断上升，与2012年相比，障碍度排名均前移三位，制约性不断增强；技术市场成交额占GDP比重（x_{22}）的障碍度排名稳居第二位和第三位，且数值不断增大，2021年为7.03%，比2012年增长38.93%。（3）障碍度排名第五至第八的因素集中于对外投资占GDP比重（x_{33}）、森林覆盖率（x_{14}）、人均公共预算支出（x_{35}）、每万人发明专利授权量（x_{21}）。其中，对外投资占GDP比重（x_{33}）的障碍度数值和排名均不断上升，2021年为5.05%，排第五位；每万人发明专利授权量（x_{21}）的障碍度于2016年开始进入前八位，且数值波动上升，2021年为4.33%，排第八位；森林覆盖率（x_{14}）、人均公共预算支出（x_{35}）的障碍度均于2020年首次进入前八位，且数值和排名呈上升趋势，2021年分别排第六、第七位，成为河南发展指数新的重要制约因素。另外，城市人均公园绿地面积（x_{15}）、地表水达到或好于Ⅲ类水体比例（x_{17}）、农业产业劳动生产率（x_{25}）的障碍度在2018年之前较高，2020年均退出前八位，对河南发展指数的制约作用减弱。

表 4-9　2012~2021 年河南发展指数主要制约因素障碍度

单位：%

年份	因素 1	因素 2	因素 3	因素 4	因素 5	因素 6	因素 7	因素 8
2012	x_{16}	x_{17}	x_{22}	x_{15}	x_{13}	x_{25}	x_{31}	x_{26}
	6.84	5.10	5.06	4.94	4.85	4.50	4.29	4.19
2013	x_{16}	x_{17}	x_{22}	x_{15}	x_{13}	x_{25}	x_{31}	x_{33}
	6.97	5.33	5.17	4.89	4.63	4.41	4.30	4.03
2014	x_{16}	x_{17}	x_{22}	x_{15}	x_{13}	x_{25}	x_{31}	x_{33}
	7.27	5.67	5.39	4.94	4.68	4.57	4.43	4.16
2015	x_{16}	x_{17}	x_{22}	x_{13}	x_{15}	x_{25}	x_{31}	x_{33}
	7.51	5.99	5.57	5.11	5.00	4.64	4.47	4.17
2016	x_{16}	x_{22}	x_{17}	x_{15}	x_{13}	x_{25}	x_{31}	x_{21}
	8.05	5.95	5.55	5.22	5.11	4.93	4.78	4.09
2017	x_{16}	x_{22}	x_{13}	x_{25}	x_{17}	x_{31}	x_{15}	x_{33}
	8.39	6.18	5.57	5.13	5.03	4.88	4.64	4.16
2018	x_{16}	x_{22}	x_{13}	x_{25}	x_{31}	x_{17}	x_{15}	x_{21}
	8.75	6.32	5.84	5.12	5.01	4.87	4.46	4.23
2019	x_{16}	x_{22}	x_{13}	x_{31}	x_{25}	x_{21}	x_{33}	x_{15}
	9.13	6.47	6.14	5.19	4.93	4.61	4.16	4.15
2020	x_{16}	x_{13}	x_{22}	x_{31}	x_{21}	x_{33}	x_{14}	x_{35}
	10.32	7.38	7.10	5.65	4.88	4.73	4.34	4.22
2021	x_{16}	x_{13}	x_{22}	x_{31}	x_{33}	x_{14}	x_{35}	x_{21}
	10.73	7.80	7.03	5.45	5.05	4.52	4.50	4.33

9. 山东

2012~2021 年山东发展指数的主要制约因素障碍度见表 4-10。

表 4-10　2012~2021 年山东发展指数主要制约因素障碍度

单位：%

年份	因素 1	因素 2	因素 3	因素 4	因素 5	因素 6	因素 7	因素 8
2012	x_{16}	x_{17}	x_{22}	x_6	x_{13}	x_{14}	x_{25}	x_{21}
	7.96	6.65	6.25	5.94	5.70	5.06	4.62	4.31
2013	x_{16}	x_{22}	x_{17}	x_{18}	x_6	x_{13}	x_{14}	x_{25}
	8.02	6.28	6.09	6.05	5.99	5.65	5.12	4.17

续表

年份	因素 1	因素 2	因素 3	因素 4	因素 5	因素 6	因素 7	因素 8
2014	x_{16}	x_{22}	x_{17}	x_6	x_{18}	x_{13}	x_{14}	x_{35}
	8.41	6.52	6.51	6.21	5.71	5.44	5.40	4.30
2015	x_{16}	x_{17}	x_{22}	x_6	x_{13}	x_{14}	x_{18}	x_{35}
	8.92	6.82	6.66	6.37	6.09	5.57	5.47	4.25
2016	x_{16}	x_{17}	x_{22}	x_6	x_{13}	x_{14}	x_{18}	x_{35}
	9.83	7.32	7.22	6.93	6.46	6.14	4.85	4.61
2017	x_{16}	x_{17}	x_{22}	x_6	x_{13}	x_{14}	x_{35}	x_{18}
	10.28	8.77	7.41	7.16	6.94	6.25	4.73	4.69
2018	x_{16}	x_{17}	x_6	x_{22}	x_{13}	x_{14}	x_{35}	x_{18}
	10.57	8.54	7.23	7.17	7.11	6.33	4.69	4.62
2019	x_{16}	x_{17}	x_6	x_{13}	x_{22}	x_{14}	x_{18}	x_{35}
	11.23	7.82	7.15	7.06	6.79	6.25	4.79	4.56
2020	x_{16}	x_{13}	x_6	x_{17}	x_{14}	x_{22}	x_{35}	x_{18}
	11.78	8.44	7.91	7.31	6.92	6.28	4.95	4.00
2021	x_{16}	x_{13}	x_6	x_{14}	x_{22}	x_{35}	x_{17}	x_{37}
	14.26	10.01	8.95	7.19	6.69	5.56	5.00	4.39

可以看出，2012~2021 年山东发展指数主要制约因素障碍有以下趋势。（1）障碍度最大的因素是自然保护区占辖区面积比重（x_{16}），2012~2021 年该指标障碍度排名一直居于首位，且呈现不断上升的演化态势，2021 年为 14.26%，增长 79.15%。（2）障碍度排名第二、第三、第四位的因素集中于工业污染治理投资占工业增加值比重（x_{13}）、城市土地集约利用（x_6）、森林覆盖率（x_{14}）。其中，工业污染治理投资占工业增加值比重（x_{13}）的障碍度的数值和位次都波动上升，2021 年为 10.01%，比 2012 年增长 75.61%，位次前移三位，制约性明显增强；城市土地集约利用（x_6）的障碍度不断增大，且出现位次前移，2021 年为 8.95%，山东是黄河流域中唯一资源利用维度层制约性较强的省区；森林覆盖率（x_{14}）的障碍度不断增加，位次也出现前移。（3）障碍度排名第五至第八的因素集中于技术市场成交额占 GDP 比重（x_{22}）、地表水达到或好于Ⅲ类水体比例（x_{17}）、人均公

共预算支出（x_{35}）、每千人口卫生技术人员（x_{37}）。其中，技术市场成交额占 GDP 比重（x_{22}）、地表水达到或好于Ⅲ类水体比例（x_{17}）的障碍度排名均波动下降，2021 年排名分别比 2012 年后移两位和五位，且地表水达到或好于Ⅲ类水体比例（x_{17}）的障碍度数值也呈下降趋势，2021 年为 5.00%，比 2012 年下降 24.81%，制约性明显减弱；人均公共预算支出（x_{35}）的障碍度波动上升，且位次前移两位；每千人口卫生技术人员（x_{37}）的障碍度于 2021 年首次进入前八，其值为 4.39%，排第八位，成为山东发展的又一重要制约因素。另外，地级及以上城市空气质量优良天数比例（x_{18}）的障碍度在 2013～2020 年一直位于第四至第八位，2021 年退出前八位，制约性降低。

第二节　维度层的障碍度计算及排序

根据指标体系，结合障碍度诊断分析模型，从资源利用、环境治理、生态质量、创新发展、协调发展、开放发展、共享发展 7 个维度出发，计算得出 2012～2021 年黄河流域发展指数维度层障碍度，并进行深入分析。

一　全流域维度层障碍度

2012～2021 年黄河流域发展指数维度层障碍度见表 4-11。可以看出，全流域 7 个维度层对黄河流域发展指数的障碍度变化各不相同。（1）生态质量、创新发展的障碍度较高，且均呈现波动上升的演进态势。其中，生态质量的障碍度 2021 年高达 175.58%；创新发展的障碍度排名 2021 年之前稳居第二位，2021 年被开放发展超过，制约性小幅减弱。（2）开放发展、资源利用的障碍度快速增长。其中，开放发展的障碍度居中，资源利用的障碍度较低，且两者都呈现快速上升的发展趋势，2012～2021 年分别提升 35.13 个百分点和 16.01 个百分点，对黄河流域发展指数的制约性不断增强。（3）共享发展、环境治理、协调发展的障碍度不断下降。共享发展、环境治理的障碍度居中，协调发展的障碍度较低，三者都呈现不断下降的发展趋势。其中，2012 年协调发展的障碍度为 123.35%，2021 年下降至 68.89%，下降 54.46 个百分点，下降速度较快，对黄河流域发展指数的制约性明显降低。

表 4-11 2012~2021 年黄河流域发展指数维度层障碍度

单位：%

年份	因素 1	因素 2	因素 3	因素 4	因素 5	因素 6	因素 7
2012	生态质量	创新发展	共享发展	环境治理	开放发展	协调发展	资源利用
	149.61	148.29	138.29	132.99	129.18	123.35	78.29
2013	生态质量	创新发展	共享发展	开放发展	环境治理	协调发展	资源利用
	174.77	147.19	130.98	130.15	121.76	116.47	78.67
2014	生态质量	创新发展	开放发展	共享发展	环境治理	协调发展	资源利用
	174.47	151.31	134.38	132.15	115.28	112.90	79.52
2015	生态质量	创新发展	开放发展	共享发展	环境治理	协调发展	资源利用
	176.26	150.13	138.37	127.36	120.26	104.99	82.63
2016	生态质量	创新发展	开放发展	共享发展	协调发展	环境治理	资源利用
	185.78	159.16	145.41	129.74	106.30	88.07	85.53
2017	生态质量	创新发展	开放发展	共享发展	协调发展	环境治理	资源利用
	187.63	158.28	146.48	123.61	104.01	91.96	88.04
2018	生态质量	创新发展	开放发展	共享发展	协调发展	环境治理	资源利用
	189.10	161.13	146.32	122.39	97.68	93.43	89.94
2019	生态质量	创新发展	开放发展	共享发展	环境治理	协调发展	资源利用
	180.24	166.83	154.12	119.43	97.11	92.71	89.56
2020	生态质量	创新发展	开放发展	共享发展	环境治理	资源利用	协调发展
	172.65	163.49	161.41	121.73	115.38	91.83	73.52
2021	生态质量	开放发展	创新发展	共享发展	环境治理	资源利用	协调发展
	175.58	164.31	155.04	124.67	117.21	94.30	68.89

二 九省区维度层障碍度

根据障碍度诊断分析模型，计算得出 2012~2021 年黄河流域九省区发展指数维度层障碍度，并进行深入分析。

1. 青海

2012~2021 年青海发展指数维度层障碍度见表 4-12。可以看出，2012~

表 4-12　2012~2021 年青海发展指数维度层障碍度

单位：%

年份	因素 1	因素 2	因素 3	因素 4	因素 5	因素 6	因素 7
2012	创新发展	开放发展	环境治理	资源利用	协调发展	生态质量	共享发展
	17.63	17.40	14.85	14.57	12.67	12.10	10.78
2013	开放发展	创新发展	环境治理	资源利用	生态质量	协调发展	共享发展
	17.65	17.63	14.63	14.33	13.74	11.61	10.42
2014	开放发展	创新发展	资源利用	环境治理	生态质量	协调发展	共享发展
	18.60	18.30	14.82	13.29	13.22	11.38	10.39
2015	开放发展	创新发展	资源利用	环境治理	生态质量	协调发展	共享发展
	18.86	18.78	14.09	13.87	13.39	11.31	9.70
2016	开放发展	创新发展	生态质量	资源利用	协调发展	共享发展	环境治理
	20.73	20.08	15.20	14.08	12.13	9.41	8.36
2017	开放发展	创新发展	生态质量	资源利用	协调发展	环境治理	共享发展
	21.03	19.53	14.63	14.12	12.17	9.68	8.84
2018	开放发展	创新发展	生态质量	资源利用	协调发展	共享发展	环境治理
	21.24	19.89	14.41	14.01	11.36	9.76	9.34
2019	开放发展	创新发展	资源利用	生态质量	协调发展	共享发展	环境治理
	22.28	22.27	13.58	12.32	10.89	9.46	9.19
2020	开放发展	创新发展	资源利用	环境治理	生态质量	共享发展	协调发展
	22.80	22.19	13.62	12.28	12.14	8.64	8.32
2021	开放发展	创新发展	资源利用	生态质量	环境治理	共享发展	协调发展
	23.41	22.48	14.46	12.42	11.25	8.50	7.49

2021 年青海发展指数维度层障碍度有以下趋势。（1）开放发展、创新发展的障碍度较高，且呈现不断上升的发展趋势。从 2013 年开始，开放发展障碍度超过创新发展，一直居于障碍度首位，2021 年其障碍度为 23.41%，是青海发展指数的最大制约因素。（2）资源利用、生态质量的障碍度居中，且呈现波动中趋稳的发展态势。其中，2012~2021 年资源利用障碍度仅变动 0.11 个百分点；生态质量障碍度先升后降，2016 年达到最大值 15.20%，之后不断降低，但障碍度排名相比 2012 年仍前移两位，对青海发展指数的制约性有所上升。（3）环境治理、共享发展、协调发展的障碍度波动下降。

其中，环境治理障碍度快速下降，2012 年为 14.85%，居障碍度排名第三位；2016 年降低至最小值 8.36%；2021 年波动上升至 11.25%，排名下降至第五位；2012~2021 年环境治理障碍度整体下降 3.6 个百分点，排名后移两位，制约性降低较为明显。2021 年协调发展、共享发展障碍度比 2012 年分别下降 5.18 和 2.28 个百分点，对青海发展指数的制约性有所降低。

2. 四川

2012~2021 年四川发展指数维度层障碍度见表 4-13。可以看出，2012~2021 年四川发展指数维度层障碍度有以下趋势。（1）创新发展、共享发展、开放发展的障碍度较高。其中，创新发展障碍度小幅下降，2021 年比 2012 年降低 1.56 个百分点；共享发展障碍度小幅波动上升，2021 年比 2012 年上升 0.45 个百分点；开放发展障碍度快速波动上升，2021 年比 2012 年提高 5.22 个百分点，排名进至第二位，制约性明显提高。（3）生态质量、环境治理障碍度居中，且呈波动趋稳的发展态势。其中，生态质量障碍度先升后降，2015 年和 2016 年总体水平较高，障碍度排名居首位，2021 年小幅下降至 15.90%，排第四位；环境治理障碍度先降后升，2012~2021 年仅变动 0.5 个百分点，但排名后移两位。（4）协调发展、资源利用的障碍度较低。其中，协调发展障碍度不断降低，2021 年比 2012 年下降 7.1 个百分点，制约性明显减弱；资源利用障碍度排名一直处于末位，虽小幅上升，但对四川发展指数的制约性总体较弱。

表 4-13　2012~2021 年四川发展指数维度层障碍度

单位：%

年份	因素 1	因素 2	因素 3	因素 4	因素 5	因素 6	因素 7
2012	创新发展	共享发展	环境治理	协调发展	生态质量	开放发展	资源利用
	18.50	18.49	15.24	14.78	14.33	13.27	5.39
2013	创新发展	生态质量	共享发展	环境治理	协调发展	开放发展	资源利用
	18.25	17.73	17.29	14.30	13.83	13.50	5.10
2014	创新发展	共享发展	生态质量	开放发展	环境治理	协调发展	资源利用
	18.39	17.55	17.41	14.15	14.14	13.40	4.96

年份	因素1	因素2	因素3	因素4	因素5	因素6	因素7
2015	生态质量	创新发展	共享发展	开放发展	环境治理	协调发展	资源利用
	17.88	17.62	16.72	15.05	13.85	12.30	6.58
2016	生态质量	创新发展	共享发展	开放发展	协调发展	环境治理	资源利用
	18.55	18.39	17.29	17.15	11.54	11.54	5.54
2017	创新发展	生态质量	开放发展	共享发展	环境治理	协调发展	资源利用
	18.66	18.57	17.38	16.80	12.17	10.74	5.69
2018	创新发展	共享发展	生态质量	开放发展	环境治理	协调发展	资源利用
	18.88	17.59	17.51	17.46	12.51	10.16	5.90
2019	创新发展	共享发展	开放发展	生态质量	环境治理	协调发展	资源利用
	19.26	17.94	17.92	15.37	13.44	9.76	6.30
2020	开放发展	共享发展	创新发展	环境治理	生态质量	协调发展	资源利用
	19.60	19.27	19.18	16.62	10.17	8.71	6.44
2021	共享发展	开放发展	创新发展	生态质量	环境治理	协调发展	资源利用
	18.94	18.49	16.94	15.90	15.74	7.68	6.31

3. 甘肃

2012~2021年甘肃发展指数维度层障碍度见表4-14。可以看出，2012~2021年甘肃发展指数维度层障碍度具有以下趋势。（1）开放发展、创新发展的障碍度较高，且都呈现不断增长的发展趋势。其中，开放发展的障碍度排序位次不断前移，2012年仅为第五位，2021年上升至首位，障碍度提升5.97个百分点，制约性明显增加；创新发展的障碍度不断上升，2016~2020年居于障碍度排名首位，2021年居第二位，对甘肃发展的制约性一直较强。（2）环境治理、共享发展的障碍度由高降低，目前位于居中水平。其中，2021年环境治理的障碍度为13.52%，比2012年降低3.43个百分点，排第三位，下降两位；共享发展的障碍度2021年为12.76%，比2012年降低3.35个百分点，排第四位，下降两位。（3）协调发展、生态质量、资源利用的障碍度较低，且呈现不同的演变态势。其中，协调发展、生态质量的障碍度呈现波动下降的发展趋势，且位次均出现后移，制约性不断减弱；资源利用虽然一直位于障碍度末位，但障碍度数值不断提升，制约性小幅增强。

表 4-14 2012~2021 年甘肃发展指数维度层障碍度

单位：%

年份	因素 1	因素 2	因素 3	因素 4	因素 5	因素 6	因素 7
2012	环境治理	共享发展	创新发展	协调发展	开放发展	生态质量	资源利用
	16.95	16.11	15.66	15.43	15.07	13.88	6.90
2013	环境治理	创新发展	共享发展	开放发展	生态质量	协调发展	资源利用
	16.40	15.92	15.42	15.24	14.83	14.83	7.37
2014	开放发展	创新发展	环境治理	共享发展	协调发展	生态质量	资源利用
	16.28	16.28	15.56	15.54	14.55	14.20	7.59
2015	开放发展	环境治理	创新发展	共享发展	生态质量	协调发展	资源利用
	16.55	16.51	16.38	15.34	14.69	13.35	7.19
2016	创新发展	开放发展	共享发展	生态质量	协调发展	环境治理	资源利用
	18.52	18.17	16.17	14.60	13.85	11.25	7.45
2017	创新发展	开放发展	共享发展	生态质量	协调发展	环境治理	资源利用
	19.22	18.48	15.23	15.15	13.77	10.08	8.06
2018	创新发展	开放发展	生态质量	共享发展	协调发展	环境治理	资源利用
	19.64	17.97	16.05	13.74	13.20	10.38	9.01
2019	创新发展	开放发展	生态质量	协调发展	共享发展	环境治理	资源利用
	19.90	19.59	14.43	13.24	13.03	10.83	8.98
2020	创新发展	开放发展	生态质量	环境治理	共享发展	协调发展	资源利用
	20.19	19.78	13.37	12.99	12.45	12.03	9.19
2021	开放发展	创新发展	环境治理	共享发展	协调发展	生态质量	资源利用
	21.04	20.19	13.52	12.76	11.79	11.46	9.24

4. 宁夏

2012~2021 年宁夏发展指数维度层障碍度见表 4-15。可以看出，2012~2021 年宁夏发展指数维度层障碍度有以下趋势。（1）资源利用、开放发展、创新发展的障碍度较大，且都呈现不断增长的演化态势。其中，资源利用一直位于障碍度首位，对宁夏发展指数的制约性最强；开放发展障碍度不断增大，排名不断前移，2020 年之前位于第四或第五位，2021 年前移至第二位，制约性明显增强；创新发展障碍度呈波动上升趋势，2021 年为 17.18%，居第三位。（2）环境治理、生态质量的障碍度居中，且呈现不同的演化态势。其中，环境治理障碍度呈波动下降趋势，2021 年比 2012 年下降 4.84 个百分点，位次后移三位；生态质量障碍度不断上升，2017 年和 2018 年排第二位，对宁夏发展指数制约性较强，2021 年为 16.31%，排第四位。（3）共享发展、协调发展的障碍度较低，且都呈现波动下降的演化态势。其中，协调发展障碍度 2021 年仅为 4.19%，比 2012 年下降 5.42 个百分点，制约性明显降低。

表 4-15　2012~2021 年宁夏发展指数维度层障碍度

单位：%

年份	因素 1	因素 2	因素 3	因素 4	因素 5	因素 6	因素 7
2012	资源利用	环境治理	创新发展	开放发展	生态质量	共享发展	协调发展
	19.72	17.25	14.41	13.79	13.59	11.63	9.61
2013	资源利用	创新发展	生态质量	开放发展	环境治理	共享发展	协调发展
	20.58	14.90	14.85	14.62	14.08	11.43	9.53
2014	资源利用	创新发展	生态质量	开放发展	环境治理	共享发展	协调发展
	21.21	15.91	15.38	14.55	11.90	11.50	9.54
2015	资源利用	创新发展	生态质量	环境治理	开放发展	共享发展	协调发展
	20.98	15.30	15.15	14.93	13.82	10.70	9.11
2016	资源利用	创新发展	生态质量	开放发展	共享发展	协调发展	环境治理
	22.09	17.21	16.73	14.14	11.52	9.66	8.65
2017	资源利用	生态质量	创新发展	开放发展	环境治理	共享发展	协调发展
	22.00	16.99	16.72	14.19	10.69	10.07	9.34
2018	资源利用	生态质量	创新发展	开放发展	环境治理	共享发展	协调发展
	21.95	17.76	15.79	15.16	10.67	9.91	8.75
2019	资源利用	创新发展	生态质量	开放发展	环境治理	共享发展	协调发展
	21.62	16.93	16.55	14.99	11.07	10.29	8.55
2020	资源利用	创新发展	生态质量	开放发展	环境治理	共享发展	协调发展
	21.11	17.41	17.36	17.02	12.03	10.40	4.66
2021	资源利用	开放发展	创新发展	生态质量	环境治理	共享发展	协调发展
	21.51	18.27	17.18	16.31	12.41	10.12	4.19

5. 内蒙古

2012~2021 年内蒙古发展指数维度层障碍度见表 4-16。可以看出，2012~2021 年内蒙古发展指数维度层障碍度具有以下趋势。（1）创新发展、开放发展的障碍度较大，且都呈现不断上升的发展态势。其中，创新发展一直居于障碍度排名首位，对内蒙古发展指数的制约性最强；2012 年开放发展障碍度居中，排第四位，后呈现逐年上升态势，2019 开始成为内蒙古发展指数的第二大制约因素。（2）资源利用、生态质量、环境治理的障碍度居中，且呈现不同的演变态势。其中，环境治理障碍度由高至低快速下降，2021年为11.96%，比2012年下降5.4个百分点，位次后移三位，制约性明显降低；生态质量障碍度呈现先升后降、波动趋稳的发展态势，2018年达到最高值18.44%，此时制约性最强；资源利用障碍度由低至高逐年上升，障碍度排名由2012年的第六位上升至2021年的第三位，提高4.51个百分点。（3）共享发展、协调发展的障碍度较低，且都呈现不断下降的演化态势。其中，共享发展障碍度2021年比2012年降低4.59个百分点，同时位次后移一位；协调发展一直位于障碍度末位，2021年障碍度为4.51%，不足创新发展的1/4，对内蒙古发展指数的制约性较低。

表4-16 2012~2021年内蒙古发展指数维度层障碍度

单位：%

年份	因素1	因素2	因素3	因素4	因素5	因素6	因素7
2012	创新发展	环境治理	生态质量	开放发展	共享发展	资源利用	协调发展
	17.53	17.36	15.40	13.62	13.27	12.61	10.21
2013	创新发展	生态质量	环境治理	开放发展	资源利用	共享发展	协调发展
	18.20	17.59	15.48	13.95	12.96	12.27	9.54
2014	创新发展	生态质量	开放发展	环境治理	资源利用	共享发展	协调发展
	19.17	16.67	15.01	14.15	13.60	12.15	9.25
2015	创新发展	生态质量	开放发展	环境治理	资源利用	共享发展	协调发展
	18.76	16.75	16.67	14.49	13.45	11.41	8.48
2016	创新发展	生态质量	开放发展	资源利用	共享发展	环境治理	协调发展
	20.32	17.50	16.63	14.60	11.33	10.77	8.85
2017	创新发展	生态质量	开放发展	资源利用	共享发展	环境治理	协调发展
	20.66	18.08	17.03	15.01	11.21	9.93	8.08
2018	创新发展	生态质量	开放发展	资源利用	环境治理	共享发展	协调发展
	21.26	18.44	16.89	15.85	10.13	10.11	7.34
2019	创新发展	开放发展	生态质量	资源利用	环境治理	共享发展	协调发展
	21.55	18.17	17.38	16.60	10.50	9.37	6.44

续表

年份	因素1	因素2	因素3	因素4	因素5	因素6	因素7
2020	创新发展	开放发展	资源利用	生态质量	环境治理	共享发展	协调发展
	21.29	18.74	17.55	16.77	12.25	8.82	4.58
2021	创新发展	开放发展	资源利用	生态质量	环境治理	共享发展	协调发展
	21.82	20.10	17.12	15.81	11.96	8.68	4.51

6. 陕西

2012~2021年陕西发展指数维度层障碍度见表4-17。可以看出，2012~2021年陕西发展指数维度层障碍度有以下趋势。（1）生态质量、开放发展的障碍度较大，且都呈现波动上升的演化态势。其中，生态质量从2013年开始一直是陕西发展指数的最大制约因素，2021年障碍度达22.81%；开放发展从2015年开始成为陕西发展指数的第二大制约因素，2021年障碍度为19.22%。（2）共享发展、环境治理、协调发展的障碍度居中，且呈现不同的演化态势。其中，协调发展的障碍度不断下降，障碍度排名从2012年的第一位降低至2021年的第五位，制约性明显降低；共享发展障碍度小幅上升，2020年升至第三位；环境治理障碍度呈现波动上升发展态势，位次也不断前移，2021年为15.65%，排第四位。（3）创新发展、资源利用的障碍度较低。其中，创新发展障碍度一直位于相对靠后的位次，且数值不断下降，2021年仅为7.18%，与其他省区创新障碍度制约性强的状况有较大区别；资源利用障碍度一直位于末位，且数值很低，对陕西发展指数的制约性较小。

表4-17　2012~2021年陕西发展指数维度层障碍度

单位：%

年份	因素1	因素2	因素3	因素4	因素5	因素6	因素7
2012	协调发展	生态质量	开放发展	共享发展	创新发展	环境治理	资源利用
	18.66	18.11	17.70	15.24	14.55	13.34	2.42
2013	生态质量	协调发展	开放发展	共享发展	创新发展	环境治理	资源利用
	21.68	17.89	17.52	14.77	13.86	12.03	2.25

续表

年份	因素 1	因素 2	因素 3	因素 4	因素 5	因素 6	因素 7
2014	生态质量	协调发展	开放发展	共享发展	创新发展	环境治理	资源利用
	21.99	17.58	17.41	14.61	13.84	12.29	2.29
2015	生态质量	开放发展	协调发展	共享发展	创新发展	环境治理	资源利用
	20.80	17.61	16.64	14.68	13.67	12.23	4.37
2016	生态质量	开放发展	协调发展	共享发展	创新发展	环境治理	资源利用
	23.57	17.72	16.82	14.51	13.44	9.65	4.30
2017	生态质量	开放发展	协调发展	共享发展	创新发展	环境治理	资源利用
	22.98	16.92	16.62	14.07	13.02	11.73	4.66
2018	生态质量	开放发展	协调发展	共享发展	创新发展	环境治理	资源利用
	22.55	16.68	16.45	14.72	13.30	12.17	4.14
2019	生态质量	开放发展	协调发展	共享发展	环境治理	创新发展	资源利用
	22.94	18.04	16.50	14.55	12.71	11.67	3.60
2020	生态质量	开放发展	共享发展	环境治理	协调发展	创新发展	资源利用
	22.83	19.08	15.90	14.17	14.08	10.22	3.71
2021	生态质量	开放发展	共享发展	环境治理	协调发展	创新发展	资源利用
	22.81	19.22	16.93	15.65	14.24	7.18	3.96

7. 山西

2012~2021 年山西发展指数维度层障碍度见表 4-18。可以看出，2012~2021 年山西发展指数维度层障碍度有以下趋势。（1）生态质量、创新发展的障碍度较大，且呈现不断上升的发展态势，2021 年其障碍度分别达 22.09%、19.93%，始终是山西发展指数的最大制约因素。（2）开放发展、环境治理、共享发展的障碍度居中，且呈现不同的演变态势。其中，开放发展的障碍度呈现不断上升的发展趋势，2021 年比 2012 年提高 4.34 个百分点，排名也出现前移；环境治理、共享发展的障碍度呈现波动下降的发展趋势，分别比 2012 年降低 1.64 个百分点和 3.80 个百分点。（3）协调发展、资源利用的障碍度较低，且都呈现不断下降的发展态势。其中，2021 年协调发展的障碍度比 2012 年降低 4.41 个百分点，制约性降低较为明显；2012~2021 年资源利用的障碍度一直居于末位，且最大值仅为 2018 年的 6.67%，对山西发展指数的制约性较弱。

表 4-18　2012~2021 年山西发展指数维度层障碍度

单位：%

年份	因素 1	因素 2	因素 3	因素 4	因素 5	因素 6	因素 7
2012	生态质量	创新发展	共享发展	开放发展	环境治理	协调发展	资源利用
	18.96	17.19	15.36	15.32	13.71	13.22	6.24
2013	生态质量	创新发展	开放发展	共享发展	环境治理	协调发展	资源利用
	22.37	17.07	15.28	14.37	12.62	12.54	5.75
2014	生态质量	创新发展	开放发展	共享发展	环境治理	协调发展	资源利用
	22.22	17.65	15.47	14.66	12.99	11.82	5.20
2015	生态质量	创新发展	开放发展	共享发展	环境治理	协调发展	资源利用
	22.74	18.41	15.85	14.39	13.13	10.06	5.42
2016	生态质量	创新发展	开放发展	共享发展	环境治理	协调发展	资源利用
	23.24	19.32	16.19	14.59	10.78	9.96	5.92
2017	生态质量	创新发展	开放发展	共享发展	协调发展	环境治理	资源利用
	23.48	18.93	17.18	13.67	10.46	9.80	6.48
2018	生态质量	创新发展	开放发展	共享发展	环境治理	协调发展	资源利用
	24.18	19.16	17.06	13.21	9.88	9.83	6.67
2019	生态质量	创新发展	开放发展	共享发展	环境治理	协调发展	资源利用
	23.64	19.65	18.65	12.34	10.05	9.29	6.37
2020	生态质量	创新发展	开放发展	环境治理	共享发展	协调发展	资源利用
	22.21	20.02	19.57	12.06	11.63	8.27	6.23
2021	生态质量	创新发展	开放发展	环境治理	共享发展	协调发展	资源利用
	22.09	19.93	19.66	12.07	11.56	8.81	5.89

8. 河南

2012~2021 年河南发展指数维度层障碍度见表 4-19。可以看出，2012~2021 年河南发展指数维度层障碍度有以下趋势。（1）生态质量、创新发展、共享发展的障碍度较大，且都呈现波动上升的演化态势。其中，生态质量的障碍度最高，2012 年已超过 20%，2021 年波动上升至 25.26%，对河南发展指数的制约性最强；创新发展、共享发展的障碍度交替位于第二、第三位，且创新发展的障碍度增长更为明显，从 2016 年开始稳定成为河南发展指数的第二大制约因素。（2）开放发展、环境治理、协调发展的障碍度居中，且呈现不同的演变态势。其中，开放发展的障碍度不断上升，且位次出现前移，2021 年为 16.89%，居第四位；协调发展障碍度快速下降，2021 年比 2012 年降低 9.69 个百分点，位次后移两位，制约性下降明显；环境治理的障碍度小幅下降，但位次出现前移。（3）资源利用的障碍度较低，呈现先降后升的波动演化态势。资源利用 2014 年障碍度最小，为 1.77%，2021 年最大，也仅为 2.67%，对河南发展指数的制约性较弱。

表 4-19　2012~2021 年河南发展指数维度层障碍度

单位：%

年份	因素 1	因素 2	因素 3	因素 4	因素 5	因素 6	因素 7
2012	生态质量	共享发展	创新发展	协调发展	开放发展	环境治理	资源利用
	20.54	19.00	17.96	14.44	13.14	12.46	2.46
2013	生态质量	共享发展	创新发展	协调发展	开放发展	环境治理	资源利用
	24.44	17.84	17.30	13.65	12.97	11.43	2.37
2014	生态质量	共享发展	创新发展	开放发展	协调发展	环境治理	资源利用
	25.14	18.14	17.73	13.21	13.18	10.83	1.77
2015	生态质量	共享发展	创新发展	开放发展	协调发展	环境治理	资源利用
	25.94	17.94	17.83	13.17	12.67	10.66	1.78
2016	生态质量	创新发展	共享发展	开放发展	协调发展	环境治理	资源利用
	26.24	18.68	18.44	13.68	12.54	8.50	1.92
2017	生态质量	创新发展	共享发展	开放发展	协调发展	环境治理	资源利用
	25.60	18.81	17.72	14.33	12.45	8.85	2.25
2018	生态质量	创新发展	共享发展	开放发展	协调发展	环境治理	资源利用
	25.79	19.29	17.30	14.98	11.31	9.08	2.26
2019	生态质量	创新发展	共享发展	开放发展	协调发展	环境治理	资源利用
	25.11	19.67	17.12	15.45	10.28	10.13	2.24
2020	生态质量	创新发展	共享发展	开放发展	环境治理	协调发展	资源利用
	25.22	20.74	18.24	16.63	11.00	6.02	2.17
2021	生态质量	创新发展	共享发展	开放发展	环境治理	协调发展	资源利用
	25.26	19.74	19.63	16.89	11.05	4.75	2.67

9. 山东

2012~2021 年山东发展指数维度层障碍度见表 4-20。可以看出，2012~2021 年山东发展指数维度层障碍度有以下趋势。（1）生态质量的障碍度最大，且呈现快速增长的发展态势。2012 年，山东生态质量的障碍度已达 22.69%，2021 年增长至 33.53%，提高了 10.84 个百分点，增速较快且常年位于障碍度首位，明显高于黄河流域其他省区，是山东发展指数的最大制约因素。（2）共享发展、创新发展、协调发展、开放发展的障碍度波动下降。其中，共享发展的障碍度较大，一直居于障碍度排名前三位，且呈现小幅下降的发展态势，2021 年比 2012 年降低 0.87 个百分点；创新发展、协调发展、开放发展的障碍度数值下降明显。具体来看，创新发展的障碍度降低 5.29 个百分点，位次后移两位；协调发展的障碍度降低 8.92 个百分点，位次后移三位；开放发展的障碍度降低 2.62 个百分点，对山东发展指数的制约性不断降低。（3）环境治理、资源利用的障碍度波动上升。其中，环境治理的障碍度提高 1.72 个百分点，位次前移两位；资源利用的障碍度提高 5.15 个百分点，位次前移三位，对山东的制约性不断增强。

表 4-20　2012~2021 年山东发展指数维度层障碍度

单位：%

年份	因素 1	因素 2	因素 3	因素 4	因素 5	因素 6	因素 7
2012	生态质量	共享发展	创新发展	协调发展	环境治理	开放发展	资源利用
	22.69	18.42	14.87	14.34	11.84	9.86	7.98
2013	生态质量	共享发展	创新发展	协调发展	环境治理	开放发展	资源利用
	27.55	17.17	14.05	13.05	10.80	9.41	7.96
2014	生态质量	共享发展	创新发展	协调发展	环境治理	开放发展	资源利用
	28.25	17.61	14.04	12.19	10.13	9.70	8.08
2015	生态质量	共享发展	创新发展	协调发展	开放发展	环境治理	资源利用
	28.91	16.48	13.37	11.08	10.78	10.59	8.78
2016	生态质量	共享发展	创新发展	开放发展	协调发展	资源利用	环境治理
	30.15	16.47	13.21	11.00	10.94	9.65	8.57
2017	生态质量	共享发展	创新发展	协调发展	开放发展	资源利用	环境治理
	32.15	15.99	12.72	10.39	9.94	9.77	9.04
2018	生态质量	共享发展	创新发展	资源利用	协调发展	环境治理	开放发展
	32.41	16.06	13.93	10.15	9.29	9.28	8.89
2019	生态质量	创新发展	共享发展	资源利用	环境治理	开放发展	协调发展
	32.49	15.93	15.33	10.27	9.18	9.04	7.76

年份	因素 1	因素 2	因素 3	因素 4	因素 5	因素 6	因素 7
2020	生态质量	共享发展	创新发展	环境治理	资源利用	开放发展	协调发展
	32.58	16.39	12.23	11.96	11.79	8.18	6.86
2021	生态质量	共享发展	环境治理	资源利用	创新发展	开放发展	协调发展
	33.53	17.55	13.56	13.13	9.58	7.24	5.42

第三节　黄河流域发展指数提升面临的主要挑战

一　上游五省区

在上游五省区中，四川的整体发展水平较高，青海、甘肃、宁夏、内蒙古的整体发展水平均较低。从发展水平看，四川的综合发展指数、生态保护指数、高质量发展指数均优于其他省区；青海、甘肃的综合发展指数、生态保护指数、高质量发展指数均较低；宁夏、内蒙古的综合发展指数、生态保护指数较低。另外，青海、甘肃的耦合协调度水平较低。从面临挑战看，青海、甘肃、宁夏、内蒙古的环境治理指数、开放发展指数均有待提升，资源利用指数较低；青海、内蒙古的创新发展指数较低；青海、甘肃的协调发展指数较低；四川、甘肃的共享发展指数较低。从制约因素看，一是指标层，工业污染治理投资占工业增加值比重（x_{13}）对五省区的制约性均较强；技术市场成交额占 GDP 比重（x_{22}）对青海、四川、宁夏、内蒙古的制约性较强；自然保护区占辖区面积比重（x_{16}）对四川、宁夏、内蒙古的制约性较强；人均进出口值（x_{31}）对青海、甘肃、宁夏的制约性较强；森林覆盖率（x_{14}）对青海、甘肃的制约性较强。二是维度层，创新发展对五省区的制约性均较强；开放发展对青海、甘肃、宁夏、内蒙古的制约性较强；资源利用对宁夏、内蒙古的制约性较强。

1. 青海

青海发展指数在黄河流域中处于较低水平。（1）从发展指数来看，

2012~2021年青海综合发展指数排第八位，处于较低水平。其中，生态保护指数排第七位，高质量发展指数排第八位，两者均处于较低水平。具体来看，生态保护子系统中，资源利用指数、环境治理指数排名分别为第七、第六位，均处于较低水平；高质量发展子系统中，创新发展指数、协调发展指数、开放发展指数排名分别为第九、第七、第九位，均处于落后水平，并且2012~2021年青海开放发展指数数值出现下降，需引起关注。（2）从耦合协调度来看，青海耦合度、耦合协调度排名均为第八位，生态保护与高质量发展的耦合协调水平较低。（3）从障碍度来看，一是指标层，森林覆盖率（x_{14}）的障碍度最高；技术市场成交额占 GDP 比重（x_{22}）、工业污染治理投资占工业增加值比重（x_{13}）、人均进出口值（x_{31}）的障碍度较高。二是维度层，开放发展、创新发展的障碍度较高，且呈现不断上升的发展趋势，开放发展从2013年起一直是青海发展指数的最大制约因素。

2. 四川

四川发展指数在黄河流域中处于较高水平。（1）从发展指数来看，2012~2021年四川综合发展指数排第三位，处于靠前水平。其中，生态保护指数排第一位，高质量发展指数排第三位，两者均处于较高水平。但是，生态保护子系统中，环境治理指数排名相对偏低且自党的十九大以来出现下降，说明其环境治理水平相比其他省区较差，应引起重视；高质量发展子系统中，开放发展指数、共享发展指数自党的十九大以来均出现排名后移，且共享发展指数在2012~2021年排名仅为第七位，处于偏低水平。（2）从耦合协调度来看，四川耦合度、耦合协调度排名分别为第六、第五位，生态保护与高质量发展的耦合协调水平有待提高。（3）从障碍度来看，一是指标层，工业污染治理投资占工业增加值比重（x_{13}）的障碍度最高；自然保护区占辖区面积比重（x_{16}）、对外投资占 GDP 比重（x_{33}）、技术市场成交额占 GDP 比重（x_{22}）的障碍度较高。二是维度层，创新发展、共享发展、开放发展的障碍度较高，且共享发展、开放发展障碍度均呈现波动上升发展趋势，2021年共享发展是四川发展指数的最大制约因素。

3. 甘肃

甘肃发展指数在黄河流域中处于较低水平。（1）从发展指数来看，2012～2021年甘肃综合发展指数排第七位，处于靠后水平。其中，生态保护指数排第五位，高质量发展指数排第九位，高质量发展水平过低。具体来看，生态保护子系统中，资源利用指数、环境治理指数排名分别为第六、第八位，均处于较低水平；高质量发展子系统中，协调发展指数、开放发展指数、共享发展指数排名分别为第九、第八、第八位，与其他省区相比有较大差距。（2）从耦合协调度来看，甘肃耦合度、耦合协调度排名均为第九位，生态保护与高质量发展的耦合协调水平相对最低。（3）从障碍度来看，一是指标层，森林覆盖率（x_{14}）、工业污染治理投资占工业增加值比重（x_{13}）的障碍度较高；人均进出口值（x_{31}）、外资开放度（x_{32}）、外贸依存度（x_{30}）的障碍度居中。二是维度层，开放发展、创新发展的障碍度较高，且都呈现不断上升的发展趋势。开放发展的障碍度位次不断前移，制约性逐年增强；创新发展的障碍度在2016～2020年位于首位，对甘肃发展的制约性一直较强。

4. 宁夏

宁夏发展指数在黄河流域中处于偏低水平。（1）从发展指数来看，2012～2021年宁夏综合发展指数排第九位，处于末位。其中，高质量发展指数排第四位，生态保护指数排第九位，生态保护水平过低。具体来看，生态保护子系统中，资源利用指数、环境治理指数排名均为第九位，水平较低；高质量发展子系统中，创新发展指数、开放发展指数排名均为第五位，有较大提升空间。另外，协调发展指数自党的十九大以来出现排名位次后移，需加大发展力度。（2）从耦合协调度来看，宁夏耦合度、耦合协调度排名分别为第一、第三位，生态保护与高质量发展的耦合协调水平较高。（3）从障碍度来看，一是指标层，自然保护区占辖区面积比重（x_{16}）的障碍度最高；技术市场成交额占GDP比重（x_{22}）、人均进出口值（x_{31}）、工业污染治理投资占工业增加值比重（x_{13}）的障碍度较高。二是维度层，资源利用、开放发展、创新发展的障碍度较大，且都呈现不断上升的演化态势。其中，资源利用一直是宁夏发展指数的最大制约因素；开放发展、创新发展的障碍度不断上升，制约性逐年增强。

5. 内蒙古

内蒙古发展指数在黄河流域中处于中等水平。（1）从发展指数来看，2012~2021 年内蒙古综合发展指数排第六位，处于居中靠后水平。其中，生态保护指数排第八位，高质量发展指数排第五位，生态保护水平偏低。并且，内蒙古综合发展指数、高质量发展指数自党的十九大以来均出现明显位次后移，需加大发展力度。具体来看，生态保护子系统中，资源利用指数、环境治理指数排名分别为第八、第七位，均处于较低水平，发展水平有待提升；高质量发展子系统中，创新发展指数、开放发展指数排名分别为第八、第六位，有较大提升空间，并且内蒙古开放发展指数数值波动下降，需引起关注。（2）从耦合协调度来看，内蒙古耦合度、耦合协调度排名分别为第三、第四位，生态保护与高质量发展的耦合协调水平较高。（3）从障碍度来看，一是指标层，自然保护区占辖区面积比重（x_{16}）的障碍度最高；技术市场成交额占 GDP 比重（x_{22}）、人均用电量（x_2）、工业污染治理投资占工业增加值比重（x_{13}）的障碍度较高。二是维度层，创新发展、开放发展、资源利用的障碍度较大，且都呈现不断上升的发展态势。其中，创新发展障碍度一直居于障碍度首位，对内蒙古发展指数的制约性最强；开放发展、资源利用的障碍度不断上升，制约性不断增强。

二　中游两省区

在中游两省区中，陕西的总体发展水平高于山西。从发展水平看，陕西的综合发展指数、生态保护指数、高质量发展指数、耦合度、耦合协调度均优于山西。从面临挑战看，两个省区的生态质量指数、协调发展指数、共享发展指数均处于较低水平，有很大提升空间。从制约因素看，一是指标层面，自然保护区占辖区面积比重（x_{16}）、工业污染治理投资占工业增加值比重（x_{13}）对两省区的制约性均较强；二是维度层面，生态质量、开放发展对两省区的制约性均较强。

1. 陕西

陕西发展指数在黄河流域中处于较高水平。（1）从发展指数来看，2012～2021年陕西综合发展指数排第二位，处于靠前水平。其中，生态保护指数排第二位，高质量发展指数排第二位，两者均处于较高水平。但是，生态保护子系统中，生态质量指数排第六位，处于相对较低水平；高质量发展子系统中，协调发展指数排第八位，有较大提升空间，共享发展指数排名自党的十九大以来出现明显下降，共享水平降低，需要引起关注。（2）从耦合协调度来看，陕西耦合度、耦合协调度排名分别为第四、第二位，生态保护与高质量发展的耦合协调水平较高。（3）从障碍度来看，一是指标层，自然保护区占辖区面积比重（x_{16}）的障碍度最高；工业污染治理投资占工业增加值比重（x_{13}）、对外投资占GDP比重（x_{33}）、城市人均公园绿地面积（x_{15}）的障碍度较高。二是维度层，生态质量、开放发展、共享发展的障碍度较大，且都呈现波动上升的演化态势。其中，生态质量一直是陕西发展指数的最大制约因素；开放发展、共享发展分别于2015年、2020年成为陕西发展指数的第二、第三大制约因素。

2. 山西

山西发展指数在黄河流域中处于中等水平。（1）从发展指数来看，2012～2021年山西综合发展指数排第五位，处于居中水平。其中，生态保护指数排第六位，高质量发展指数排第七位，高质量发展水平相对较低。具体来看，生态保护子系统中，生态质量指数排第八位，有较大提升空间；高质量发展子系统中，创新发展指数、开放发展指数、共享发展指数分别排第七、第七、第六位，均处于偏低水平，并且2017年、2019年山西开放发展指数均出现下降，需要引起关注。（2）从耦合协调度来看，山西耦合度、耦合协调度排名分别为第五、第七位，生态保护与高质量发展的耦合协调水平一般。（3）从障碍度来看，一是指标层，自然保护区占辖区面积比重（x_{16}）的障碍度最高；工业污染治理投资占工业增加值比重（x_{13}）、技术市场成交额占GDP比重（x_{22}）、人均进出口值（x_{31}）的障碍度较高。二是维度层，生态质量、创新发展、开放发展的障碍度较大，且呈现不断上升的发展态势。生态质量、创新发展障碍度一直位于障碍度排名的前两位，是山西发展指数的最主要制约因素；开放发展障碍度不断上升，2013 年起成为山西发展指数的第三大制约因素。

三　下游两省区

下游两省区中，山东的总体发展水平高于河南。从发展水平看，山东的综合发展指数、生态保护指数、高质量发展指数、耦合度、耦合协调度均优于河南。从面临挑战看，两个省区的生态质量指数、共享发展指数均处于较低水平，有较大提升空间。从制约因素看，一是指标层，自然保护区占辖区面积比重（x_{16}）、工业污染治理投资占工业增加值比重（x_{13}）对两省区的制约性均较强；二是维度层，生态质量、共享发展对两省区的制约性均较强。

1. 河南

河南发展指数在黄河流域中处于中等水平。（1）从发展指数来看，2012～2021 年河南综合发展指数排第四位，处于居中靠前水平。其中，生态保护指数排第三位，高质量发展指数排第六位，高质量发展水平较低。具体来看，生态保护子系统中，生态质量指数排第九位，处于末位；高质量发展子系统中，协调发展指数、共享发展指数排名分别为第六、第九位，需加大发展力度。（2）从耦合协调度来看，河南耦合度、耦合协调度排名分别为第七、第六位，生态保护与高质量发展的耦合协调水平偏低。（3）从障碍度来看，一是指标层，自然保护区占辖区面积比重（x_{16}）的障碍度最高；工业污染治理投资占工业增加值比重（x_{13}）、人均进出口值（x_{31}）、技术市场成交额占 GDP 比重（x_{22}）的障碍度较高。二是维度层，生态质量、创新发展、共享发展的障碍度较大，且都呈现波动上升的演化态势。其中，生态质量的障碍度最高，对河南发展的制约性最强；创新发展从 2016 年开始稳定成为河南发展指数的第二大制约因素。

2. 山东

山东发展指数在黄河流域中处于较高水平。（1）从发展指数来看，

2012～2021 年山东综合发展指数排第一位，处于全流域首位。其中，生态保护指数排第四位，高质量发展指数排第一位，但生态保护指数排名自党的十九大以来出现下降，需引起注意。具体来看，生态保护子系统中，资源利用、生态质量指数排名分别为第五、第七位，处于相对较低水平；高质量发展子系统中，共享发展指数排第四位，有一定提升空间。（2）从耦合协调度来看，山东耦合度、耦合协调度排名分别为第二、第一位，生态保护与高质量发展的耦合协调水平较高。（3）从障碍度来看，一是指标层，自然保护区占辖区面积比重（x_{16}）的障碍度最高；工业污染治理投资占工业增加值比重（x_{13}）、城市土地集约利用（x_6）、森林覆盖率（x_{14}）的障碍度较高。二是维度层，生态质量的障碍度最大，排名常年位于首位且快速增长，数值明显高于黄河流域其他省区，是山东发展指数的最大制约因素；共享发展障碍度较大，一直位于前三位；环境治理、资源利用障碍度波动上升，且位次前移，对山东发展指数的制约性不断增强。

四　黄河全流域

总体来看，黄河流域综合发展指数总体处于较高水平且有一定提升空间。

从发展指数来看，2012～2021 年黄河流域综合发展指数范围为 0.383～0.582，增长 51.96%，变异系数降低 36.32%，综合发展水平快速提升，且收敛性整体增高。其中，生态保护指数水平较高，范围为 0.501～0.645，增长 28.74%，变异系数降低 53.85%，指数增速相对较低；高质量发展指数水平较低，明显拉低了综合发展指数水平，高质量发展指数范围为 0.265～0.519，增长 95.85%，变异系数降低 22.52%，收敛性提速较慢。具体来看，生态保护子系统中，生态质量指数水平最低且变异系数下降速度最慢，资源利用指数变异系数最大，不均衡性较强；高质量发展子系统中，创新发展指数、开放发展指数水平较低，变异系数较大且呈上升趋势，黄河流域九省区间差距不断扩大。

从耦合协调度来看，黄河流域耦合度、耦合协调度均不断提升，生态保护与高质量发展的耦合协调水平不断升高。

从障碍度来看，一是指标层，自然保护区占辖区面积比重（x_{16}）的障碍度最高；技术市场成交额占 GDP 比重（x_{22}）、工业污染治理投资占工业增加值比重（x_{13}）、人均进出口值（x_{31}）的障碍度较高。二是维度层，生态质量、开放发展、创新发展的障碍度较高，且均呈现波动上升的演进态势。其中，生态质量一直是黄河流域综合发展指数的最大制约因素；开放发展的障碍度快速上升，2021 年排第二位；创新发展一直位于障碍度排名前三位，制约性较强。

第五章

全面提升黄河流域发展指数的对策建议

第一节 黄河流域发展指数综合测评的主要结论

本书首先构建了包含 7 个维度 40 个指标的黄河流域发展指数综合测评指标体系，运用反熵权法确定指标客观权重，再运用序关系分析法确定指标的主观权重，接着运用"乘法"集成法得到组合权重，进而计算出黄河流域整体和各省区的各级指数。采用修正的耦合协调度模型测度黄河流域生态保护与高质量发展两个子系统之间的耦合协调发展水平。运用障碍度模型对指标体系进行系统分析，识别黄河流域发展指数的关键制约因素。

总体来看，2012~2021 年黄河流域九省区各级指数均呈上升趋势，其中，一级指数黄河流域综合发展指数从 2012 年的 0.383 上升至 2021 年的 0.582；二级指数生态保护指数由 2012 年的 0.501 上升至 2021 年的 0.645，高质量发展指数由 2012 年的 0.265 上升至 2021 年的 0.519。分省区看，2021 年，一级指数黄河流域综合发展指数山东位居第一，内蒙古居倒数第一，宁夏增速最快，内蒙古增速最慢。二级指数生态保护指数四川位居第一，宁夏居倒数第一，宁夏增速最快，山东增速最慢；高质量发展指数山东位居第一，青海居倒数第一，河南增速最快，内蒙古增速最慢。从准则层指数看，2021 年，资源利用指数河南位居第一，宁夏居倒数第一，宁夏增速最快，内蒙古则为负增长；环境治理指数山东位居第一，甘肃居倒数第一，宁夏增速最快，山东增速最慢；生态质量指数甘肃位居第一，山西居倒数第一，河南增速最快，山东增速最慢；创新发展指数陕西位居第一，青海居倒数第一，河南增速最快，内蒙古增速最慢；协调发展指数山东位居第一，甘肃居倒数第一，陕西增速最快，内蒙古增速最慢；开放发展指数山东位居第一，青海居倒数第一，陕西增速最快，青海和内蒙古则为负增长；共享发展指数青海位居第一，河南居倒数第一，河南增速最快，青海增速最慢。

　　通过修正的耦合协调度模型测算了黄河流域整体和各省区生态保护与高质量发展之间的耦合协调水平。整体看，黄河流域生态保护与高质量发展耦合协调度呈稳步上升态势，从 2012 年的 0.489 上升至 2021 年的 0.683，从濒临失调发展为初级协调。分省区看，2012 年，山东处于初级协调、内蒙古为勉强协调、甘肃处于轻度失调，其余省份均处于濒临失调；2021 年，山东、陕西、宁夏和四川均发展为中级协调，河南、内蒙古和山西发展为初级协调，甘肃和青海处于勉强协调，各省区间差异较大，需继续统筹好生态保护与高质量发展之间的关系，以高水平的生态环境保护推动经济的高质量发展。

　　通过障碍度模型识别了影响黄河流域整体和各省区黄河流域发展指数的制约因素。整体看，在制约黄河流域生态保护和高质量发展的前 8 个指标中，生态质量维度的自然保护区占辖区面积比重（x_{16}）这一指标始终是阻碍黄河流域发展指数提升的最大制约因素，其次是创新发展维度的技术市场成交额占 GDP 比重（x_{22}）、环境治理维度的工业污染治理投资占工业增加值比重（x_{13}）和开放发展维度的人均进出口值（x_{31}）等；维度层中，生态质量、开放发展和创新发展是黄河流域生态保护和高质量发展的短板和弱项，需在这三个方面加强政策支持力度。

　　分省区看，在指标层方面，制约青海黄河流域发展指数提升的首要因素是生态质量维度的森林覆盖率（x_{14}）；制约四川黄河流域发展指数提升的最大因素是环境治理维度的工业污染治理投资占工业增加值比重（x_{13}）；制约甘肃黄河流域发展指数提升的主要因素是生态质量维度的森林覆盖率（x_{14}）和环境治理维度的工业污染治理投资占工业增加值比重（x_{13}）；宁夏和内蒙古黄河流域发展指数提升的主要制约因素均是生态质量维度的自然保护区占辖区面积比重（x_{16}）和创新发展维度的技术市场成交额占 GDP 比重（x_{22}）；制约陕西黄河流域发展指数提升的主要因素是生态质量维度的自然保护区占辖区面积比重（x_{16}）和环境治理维度的工业污染治理投资占工业增加值比重（x_{13}）；山西和河南黄河流域发展指数提升的主要制约因素均是生态质量维度的自然保护区占辖区面积比重（x_{16}）、环境治理维度的工业污染治理投资占工业增加值比重（x_{13}）和创新发展维度的技术市场成交额占 GDP 比重（x_{22}）；制约山东黄河流域发展指数提升的主要因素是生态质量维度的自然保护区占辖区面积比重（x_{16}）和环境治理维度的工业污染治理投资占工业增加值比重（x_{13}）。

在维度层方面，制约青海生态保护和高质量发展的主要障碍因素分别是开放发展和创新发展；制约四川生态保护和高质量发展的主要障碍因素分别是共享发展和开放发展；制约甘肃生态保护和高质量发展的主要障碍因素分别是开放发展和创新发展；制约宁夏生态保护和高质量发展的最大障碍因素是资源利用；制约内蒙古生态保护和高质量发展的最大障碍因素分别是创新发展和开放发展；制约陕西生态保护和高质量发展的主要障碍因素分别是生态质量和开放发展；制约山西生态保护和高质量发展的主要障碍因素是生态质量、创新发展；制约河南生态保护和高质量发展的主要障碍因素分别是生态质量、创新发展；制约山东生态保护和高质量发展的主要障碍因素分别是生态质量和共享发展。

第二节　黄河流域发展指数优化提升的分区举措

一　上游五省区

通过前文分析得知，上游五省区中青海、甘肃、宁夏、内蒙古的整体发展水平均有待提升。从生态保护准则层来看，上游五省区的生态质量全流域最好，但是资源利用效率和环境治理能力不如中下游的四个省区，需要重点提升上游五省区的资源利用效率和环境治理能力。从高质量发展准则层来看，上游五省区除四川，其余四个省区的创新发展水平不如中下游四个省区，协调发展、开放发展及共享发展情况上游五个省区则不尽一致。为了优化提升黄河流域发展指数，上游省区应着重在提升创新发展水平方面下功夫，同时应着力提升甘肃、青海等省区的协调发展水平，大力促进青海、甘肃等省区的开放发展水平，提升甘肃、四川等省区的共享发展水平。

1. 青海

青海作为"三江之源""中华水塔"，是我国重要的生态安全屏障。青海既是黄河的源头区，也是干流区，在黄河流域生态保护和高质量发展中具有不可替代的战略地位。但是从测评分析可知，青海在环境治理和资源利用方面排名较靠后，在开放发展和创新发展方面均处于全流域倒数第一，以上领域的短板严重制约了青海的生态保护和高质量发展。因此，一是要全面提升黄河流域青海段的环境治理水平。继续统筹推进水环境、大气、土壤以及固体废弃物的污染联防联治，重点加强工业污染协同治理，切实提升青海工业污染治理效率，推进工业污染稳定达标及清洁生产，统筹推进城乡生活污染治理，同时加大矿区生态环境综合整治力度。二是要提高黄河流域青海段的资源利用效率。以更加科学的管理方式助推青海粗放型用水向集约节约用水转变，全面提升水资源配置利用效率，强化水资源的刚性约束，在提升产业用水效率的同时注意挖掘节水潜力，推进城乡节水改造全覆盖，完善优化水资源配置体系。三是要增强黄河流域青海段的创新发展水平。加强青海科技创新能力建设，布局完善相应新型基础设施，培育激活壮大创新动能。夯实提升科技创新的基础支撑能力，健全制度体系及相应平台建设，增加R&D经费及相关人员的投入强度，加速促进各类研发科技成果的转移转化。四是要持续提高黄河流域青海段的开放发展水平。全面拓展挖掘青海在对外开放领域的战略空间和发展潜力，统筹做好对内、对外双向开放。深度共建"一带一路"，强化国内外、多层次的对外开放平台支撑能力，以更加优化的营商环境、更加畅通的外商投资通道吸引外商外资注入，加快推进外贸平台体系建设，打造对外开放能级平台，同时注意加强与黄河流域其他省区的交流合作。五是提升黄河流域青海段的协调发展水平。增强省会城市以及中心城市的核心辐射带动功能，强化辐射效应，尽快补齐制约城镇化发展的短板弱项，加快推进以县城为重要载体的新型城镇化建设，健全城乡融合提质增效机制，促进城乡融合一体化发展。

2. 四川

黄河流域四川段位于青藏高原生态屏障核心腹地，是"中华水塔"的重要组成部分，同时四川是我国西部地区经济第一大省，在黄河流域整体格局中具有重要战略地位。但是根据测评结果，四川在生态保护子系统的环境治理以及生态质量方面仍存在提升空间，高质量发展子系统则应多关注共享发展、协调发展和开放发展情况。因此，一是要提升黄河流域四川段的环境治理能力。着重推进生态环境治理体系和治理能力现代化，加大城乡生活污染综合整治力度，加紧实现相关配套设施和管网建设全覆盖，提升工业污染治理水平和效率，同时注意做好农牧业面源污染综合治理相关工作。二是要注重黄河流域四川段的生态质量。加强水源涵养能力建设，切实提高水源涵养功能，加大湿地水源补给，建设国家级湿地公园，增加辖区自然保护区面积，提升对森林资源、冰川冻土等的管护保护力度。三是要大力提升黄河流域四川段的共享发展水平。动态平衡生态保护工作和居民生产生活，正确把握并处理好二者之间的关系，下功夫尽快补齐各类民生短板弱项。重点提高教育发展质量和卫生健康服务能力，改善公共基础设施建设，加大公共预算支出，加强社会保障兜底能力，多渠道多方式丰富群众的精神文化生活。四是要提高黄河流域四川段的协调发展水平。下好持续优化城乡发展新格局这盘棋，增强扩大城市高速发展进程中的辐射带动作用，全面提升县域城市综合竞争力。完善相关人口迁移落户政策，吸引乡村人口向城镇聚集，提升辖区人口城镇化率。五是要提升黄河流域四川段的开放发展水平。四川作为西部地区对外开放的重要平台，衔接陆上丝绸之路和海上丝绸之路，应继续立足四川资源要素禀赋，通过共建"一带一路"畅通交通物流大通道，有效扩大与国内外、省内外的交流合作。

3. 甘肃

甘肃是黄河重要的水源涵养区，在保障国家生态安全中具有举足轻重的地位。但当前甘肃的环境治理能力位居全流域末位，资源利用效率也相对较低，同时高质量发展层面的协调发展、共享发展及开放发展均比较靠后，在生态保护和高质量发展方面任务艰巨。因此，一是要切实提升黄河流域甘肃段的环境治理能力。实施生态保护综合治理工程，做好生态保护修复工作，加大防治荒漠化工作力度，切实提升自然生态系统的承载压力。统筹农业面源污染、工业污染、城乡生活污染防治和矿区生态环境综合整治工作，通过引入先进地区的新技术新方法，提升工业污染治理能力和治理水平，加快构建现代环境治理综合体系。二是要提高黄河流域甘肃段的资源利用效率。科学评判地区水资源和生态环境承载能力，合理优化资源开发布局，坚守自然资源利用红线，强化水资源刚性约束，实施水资源节约集约利用专项行动。鼓励支持新能源行业发展，建设现代综合能源基地，培育壮大战略性新兴产业。三是要提升黄河流域甘肃段的协调发展水平。在注重生态保护的同时构建城乡发展新格局，强化城镇化对甘肃高质量发展的支撑作用。科学规划布局乡村建设，推动乡村振兴和城乡融合发展，补齐县城高质量发展短板。四是要提升黄河流域甘肃段的共享发展水平。加快构建布局更加合理、经济运行更加高效、更加绿色便捷、更加安全可靠的现代化、可持续、高效率的基础设施支撑体系，加快5G的推广覆盖，畅通地区交通物联通道，解决制约资源利用效率提升的交通短板。健全公共卫生应急体系，补齐基础教育短板，切实提高甘肃的医疗、教育质量和水平，强化社会保障基础民生兜底能力。五是要深化黄河流域甘肃段的开放发展水平。加快建立"内外兼顾、陆海联动、向西为主、多头并进"的开放新格局，巩固并强化兰州等省内主要城市的对外开放门户作用，打造对外开放样板城市，发挥辐射带动作用。持续优化改善地区营商环境，加大政策扶持力度，多措并举激活市场主体活力，扩大外商投资规模。

4. 宁夏

宁夏作为唯一全境均位于黄河流域的省份，具有明显的区位、能源、产业等优势，鼓励支持宁夏建设黄河流域生态保护和高质量发展先行区，能够通过政策先行先试为流域其他地区积累可复制的经验，以点带面助推流域整体的生态保护和高质量发展。通过测评结果可知，宁夏的资源利用效率及环境治理能力在全流域均处于末位，且宁夏在党的十九大以来的生态质量排名情况相比党的十八大至党的十九大时期有所下降。针对宁夏的测评情况，可以从以下几个方面着手进行改善提升。一是着力提升黄河流域宁夏段的资源利用能力。推动水资源的集约节约利用，在水资源消耗总量和使用强度上双把关，推进灌区的现代化改造，开展智慧水利建设工程，切实提高水资源利用效率。以碳达峰碳中和目标为引领，助推宁夏相关产业企业生产方式进行绿色转型，提升能源综合利用效率。二是提高黄河流域宁夏段的环境治理水平。开展环境污染综合治理，在农业污染治理提升方面，推进农业面源污染治理与监督指导试点；在工业污染治理方面，重点整治工业园区和重化工等行业的污染问题；在居民生产生活方面，倡导绿色生活方式，加快新能源汽车的应用步伐，推行生活垃圾分类。三是提高黄河流域宁夏段的生态质量。宁夏的生态质量发展在黄河上游五省区位列最后，需要在生态质量方面实施攻坚行动，持续深入推进防沙治沙，加快完善自然保护区体系，提高自然保护区面积的占比，提升辖区森林覆盖率，推动创建贺兰山、六盘山国家公园。四是持续提高黄河流域宁夏段的开放发展水平。紧抓国家支持内陆开放型经济试验区建设机遇，深度融入"一带一路"建设，完善宁夏机场航线网络布局，打造区域综合交通枢纽，畅通开放通道，依托陆海新通道，融入全球产业格局。培育开放平台，推进开放发展综合试验区建设，扩容提质外贸转型升级基地，优化调整产业结构，以产业集聚优势为宁夏外贸进出口快速增长注入强劲动力。

5. 内蒙古

内蒙古在黄河流域有区位独特、面积广阔、资源能源富集、产业集中等优势，在全面优化提升黄河流域发展指数方面发挥着重要作用。但是由前文测评结果可知，内蒙古在环境治理、资源利用以及创新发展三个方面排名相对落后，制约了内蒙古的生态保护和高质量发展水平，应在这几方面重点发力。一是要推动黄河流域内蒙古段的生态环境治理水平提升。持续强化内蒙古沿黄生态带建设，坚守环境质量底线，统筹推进农业污染、工业污染、城乡污染防治和矿区生态环境综合整治；推进工业企业进行清洁化、绿色化改造，加大工业园区污染防治力度，持续开展固体废弃物治理；完善城市污水管网体系布局建设，加强城乡垃圾处理基础设施建设，完善对高污染企业的管控措施，切实改善大气环境质量。二是要提高黄河流域内蒙古段的资源利用效率。开展流域内水资源承载力综合评估，根据不同区域情况分区合理管控，强化供给侧的水资源约束；优化用水结构，落实以水定需，统筹水资源配置，加强需求侧的用水管理，推进农业用水节水增效、工业用水节水减排、城镇居民用水节水降损，限制高耗水行业发展，加快建设节水型城市。三是要大力促进黄河流域内蒙古段的创新发展水平。持续开展创新驱动战略和"科技兴蒙"行动，切实强化提升内蒙古的科技创新支撑能力，落实研发投入攻坚行动，持续增加对研发经费、科研人员等的投入力度；培育建设高能级的创新载体，完善科技成果转化配套相关的政策措施，加快促进科技成果的转移转化；实施人才强区战略，打造创新人才"聚宝盆"。持续在培育新产业新动能上下功夫，紧抓数字经济发展机遇，促进数字经济蓬勃发展，以产业创新为抓手，切实提升内蒙古的科技创新水平。四是扩大黄河流域内蒙古段的对外开放水平。发挥内蒙古沿边开放的独特区位优势，打造国家向北开放重要"桥头堡"，积极参与"一带一路"和中蒙俄经济走廊建设，发挥中欧班列的重要载体及支撑作用，畅通对外开放大通道，扩大对外贸易规模。

二　中游两省区

在中游两省区中，陕西的总体发展水平较高，但生态质量、协调发展水平较低，且共享发展水平和排名近几年出现下降，开放发展对其制约性也较强；山西的总体发展水平居中，其生态质量、创新发展水平较低，开放发展、共享发展对其制约性较强。应从以上几个薄弱环节入手，有针对性地进行优化提升。

1. 陕西

陕西地处黄河中游，黄河干流在陕西境内全长719千米，是全国重要的先进制造业基地、国防科技工业基地、农业高技术产业基地、能源化工基地和科教文化基地，对全流域的生态保护和高质量发展具有重要意义。一是推进生态保护修复。立足森林、湿地、草原、荒地、沙地现状，实施黄河流域生态空间治理"十大行动"，系统保护秦岭，加大林草植被保护修复力度，提升水源涵养能力，构筑生态安全体系，加快构建"两带三廊四域"生态保护格局。二是构建区域城乡发展新格局。充分发挥区域比较优势，破除资源要素跨地区跨领域流动障碍。加快西安国家中心城市建设，构建"一带两轴两群"发展格局，推动城市群、都市圈一体化发展。大力发展县域经济，突出"一县一策"，鼓励发展"飞地经济"，推进县城城镇化补短板强弱项。全面实施乡村振兴战略，促进城乡融合发展，构建特色鲜明、协同联动、有机互促的发展格局。三是提升人民生活品质。坚持以人民为中心的发展思想，健全公共服务体系，提高重大公共卫生事件应对能力，加快教育医疗事业发展，增强基本民生保障能力，提升特殊类型地区发展能力，不断满足人民群众对美好生活的向往。四是扩大高水平对外开放。坚持以开放促改革、促发展、促创新，深度融入"一带一路"建设，提升开放平台辐射能级，健全区域间开放合作机制，拓宽开放广度和深度，打造内陆开放高地，培育国际竞争新优势，加快建成面向中亚南亚西亚国家的开放通道、商贸物流枢纽、重要产业和人文交流基地。

2. 山西

山西地处黄河中游，是黄河文化和华夏文明的重要发祥地之一，是保障国家能源安全和粮食安全的重要区域，也是黄河流域发展基础最薄弱、生态环境最脆弱、结构性矛盾最突出的地区之一，推动山西生态保护和高质量发展对黄河流域发展具有重要意义。一是推动生态改善。统筹黄河流经县和流域县、沿黄沿汾区域，提升发展整体性、协同性，坚持保护为主、生态优先，加强生态保护修复，强化环境综合治理，改善水沙关系，大力实施"五水综改"，持续巩固"华北水塔"，构建"两带两屏"生态保护和绿色发展空间格局。二是强化创新发展。坚持创新驱动，精准聚焦"六新"突破，打造14个战略性新兴产业集群。加速数字化转型，着力培育数据要素市场，打造新能源全产业链。加快新型基础设施建设，探索"新能源＋数据服务"发展新模式，实施传统基础设施数字化赋能提质行动，推动创新资源从"分散"向"集聚"转变。三是构建开放新格局。深度参与"一带一路"建设，对接和融入国家重大区域战略，充分发挥京津冀一体化重要成员作用，"东进"对接长三角，"南下"携手大湾区，促进黄河"几"字弯都市圈协同发展，深化与中原城市群、关中平原城市群务实合作。四是推动共享发展。坚持体制机制创新，着力打破行政壁垒和体制机制障碍，促进资源高效配置、要素合理流动，协同推进跨区域联动发展机制，为黄河流域生态保护和高质量发展提供保障。

三　下游两省区

下游河南和山东两省区的综合发展水平在黄河流域均处于较高水平，其中山东的综合发展指数排名第一，是黄河流域的"领头羊"；河南的综合发展水平排名第四，处于中上游。高质量发展子系统，河南排名第六，需着重提升共享发展水平；山东排名第一，在提升共享发展水平方面仍不可松懈。生态保护子系统，河南发展水平较好，排名第三，但生态质量方面较为薄弱；山东排名第四，是山东综合发展的主要短板，在资源利用、生态质量方面存在较大提升空间。

1. 河南

河南的综合发展水平在黄河流域排名第四，处于中上游位置。在生态保护方面，河南生态保护水平排名第三，位于前列，但生态质量水平为黄河流域倒数，亟须提升。在高质量发展方面，河南的高质量发展水平排名第六，在黄河流域较为落后，其中共享发展水平排名第九，为主要短板。因此，一是要着力提高河南的生态质量。大力发展绿色经济，发展清洁能源以及能耗低、污染小的产业，不断提高资源利用效率，培育壮大新生态产业。加强污染防治，加强工业废气、生活垃圾、废水等治理和垃圾分类工作，严格落实污染物排放标准和限值。完善生态补偿机制，加快推进河南生态补偿制度建设，对污染环境造成的损失、生态系统的维护与恢复、农民土地流转等进行合理有序的补偿，不断提高生态补偿的精准性和可持续性。二是着力提升河南的共享发展水平。坚持扩内需与稳外需并举，全面促进和恢复消费，优化投资结构、拓展投资空间，大力实施出口拉动，推动经济发展提质提速。发展公平优质的公共服务教育，提升教育服务支撑能力，保障学有所教，推进学有优教，完善教育保障体系，构建体系健全、衔接融通的现代教育体系。同时要推进托育服务多元供给，建设一批具有带动效应、承担一定指导功能的示范性综合托育机构。

2. 山东

山东在黄河流域发展指数中排名第一，在黄河流域处于领先位置，但是共享发展水平在黄河流域处于中游水平，且整体生态保护水平有待提高，其中资源利用指数排名第五，生态质量指数排名第七，仍有一定提升空间。针对以上短板，提出如下建议。一是在共享发展方面重点发力。加强基础设施建设，优化交通网络，提升物流水平，深化数字化、信息化在教育、医疗、文化等领域的应用，增大公共服务设施投入力度，优化资源配置，加速推进基础设施建设。发展优质教育，扩大教育资源覆盖面，完善教育公共服务体系，促进教育公平，提高教学质量，建立多元化的教育供给体系。推动城乡融合发展，完善城市和农村公共服务配套设施，提高农民收入和生活质量，加强规划引导，加大投入力度，深化改革创新，加强城乡联动，促进城乡一体化发展。二是大力提高生态质量和资源利用水平。推进传统工业绿色升级改造，加快淘汰落后低效产能，加大传统产业绿色改造力度，打造绿色循环低碳的产业园区，持续优化战略性新兴产业布局。加快农业绿色发展，提高农业科技化水平，对农业投入结构进行调整，大力发展生态种植、生态养殖。推进资源节约循环利用，在节能的同时提高效率，大力发展清洁能源和循环经济。

第三节　黄河流域发展指数整体提升的对策建议

推动黄河流域生态保护和高质量发展是事关中华民族伟大复兴的千秋大计，是继往开来的长期战略任务，必须以促进人与自然和谐发展、区域结构调整和增长方式的转变为基本目标，遵循综合协调、保护优先、区域差异等原则，基于流域内不同区域的资源环境承载能力、现有开发密度和发展潜力等，构建在保护中发展、在发展中保护的长效工作机制，不断提高黄河流域生态保护和高质量发展的思想自觉和行动自觉。

一　创新为要，打造发展引擎

习近平总书记强调，创新是引领发展的第一动力，抓创新就是抓发展，谋创新就是谋未来。实现黄河流域生态保护和高质量发展，必须牢牢抓住创新这个第一动力，深入实施创新驱动发展战略，推动创新驱动的内涵型增长，以科技赋能催生高质量发展新动能，不断提升黄河流域高质量发展的独立性、自主性、安全性。

1. 加大科技投入力度

完善流域科技投融资渠道，推广"政府+银行+保险"合作模式，吸引更多社会资本投向流域企业的创新活动。建立财政资金科技投入稳定增长机制，确保流域各省区科技投入增速快于财政收入增速，加大对事关黄河流域生态保护和高质量发展的重大科技项目、关键核心技术攻关的支持力度。加快实施科技支撑黄河流域生态保护和高质量发展行动方案，通过实施"水安全保障关键技术攻坚行动、生态保护关键技术攻坚行动、环境污染防治关键技术攻坚行动、高质量发展与文化传承创新行动、综合治理工程示范行动、创新能力提升行动"六大行动，提升科技创新对黄河保护治理的支撑与引领作用，推动黄河流域全域科学治理。

2. 加大人才培养引进力度

人才是创新发展的第一驱动力，也是推动黄河流域高质量发展的战略资源。牢固树立"人才是第一资源"的工作理念，努力建立健全人才引进培养机制，高度重视创新型人才引进。赋予科研人员更大自主权，营造敢于创新、勇于创新、包容创新的良好氛围。着眼于流域"卡脖子"问题，破除"论资排辈""圈子文化"，大力推广"揭榜挂帅""赛马""科技创新券"等竞争性人才机制，充分调动人才创新创业的积极性，给创新人才搭建施展才华的广阔舞台。加强高校及科研院所与地方的协同创新，通过开展"一区一策"适用技术成果应用示范,加强新技术新成果的宣传推广。

3. 强化企业创新主体作用

企业不但是技术创新的投资主体,还是组织主体和成果转化主体。深化企业科技体制改革,培育产学研深度融合的创新体系,解决好"由谁来创新""动力在哪里""成果如何用"等问题,打通企业从科技强到企业强、产业强、经济强的通道,提升产业链创新水平,充分释放高质量发展的磅礴动能。支持流域企业联合兰州大学、郑州大学等重点高校及科研院所组建创新联合体,发挥企业离市场最近、最了解市场需求的优势,打造关键技术自主创新的"核心圈",构筑技术和产业的"朋友圈",形成带动广泛的"辐射圈",推动重点产业重点领域进入全球价值链中高端,抢占全球话语权。

4. 加快科技创新平台建设

设立科技创新发展资金,建设一批流域科技创新平台,鼓励流域各省区争创国家重点实验室、国家技术创新中心、产业创新中心、制造业创新中心、临床医学研究中心平台载体,促进基础数据和研究成果等交流共享,培育提升沿黄科技服务和科技成果转化能力。对于生态环境领域优秀的重点实验室、技术创新中心等创新平台,以竞争性项目方式给予重点支持。

二　绿色至上,厚植发展底色

习近平总书记强调,生态兴则文明兴,绿色发展是生态文明建设的必然要求。在生态环境容量和资源承载力约束条件下,走绿色发展之路,建设生态文明,实现可持续发展已成为黄河流域生态保护和高质量发展的基础条件。

1. 因地制宜、分类施策,改善提升全流域生态环境质量

黄河流域最大的问题是生态脆弱,必须树牢上下"一盘棋"意识,统筹考虑黄河流域上中下游差异,分类施策。上游要勇挑守护"中华水塔"重任,实施最严格的国土空间规划管控和用途管制,全面推行冰川、冻土、森林、河流、湖泊、湿地休养生息制度。遵循黄河流域地区植被地带分布规律,科学配置林草植被,宜乔则乔、宜灌则灌、宜草则草,加大退化林和残

次林修复力度，扩大森林植被覆盖率，提升水源涵养能力。严厉打击各种乱砍滥伐、毁林垦草、违法占地等行为，统筹推进城乡生活污染和面源污染系统治理，持续开展"清河、护岸、净水、保水"四项行动，坚决筑牢水安全防线。中游要突出抓好黄土高原水土保持，强化生态治理理念，划定保护红线，分级设立保护区，重点实施山水林田湖草系统修复生态工程，持续巩固退耕还林还草、退牧还草成果，加大水土流失综合治理力度，建立以灌草相结合的带、片、网防风固沙阻沙体系，增强区域防风固沙能力。推进黄土高原塬面保护，开展小流域综合治理、固沟保塬、侵蚀沟治理和淤地坝系建设工程，通过客土回覆、土地翻耕和土壤培肥等方式重构土壤环境，全面治理区域水土流失。开展矿山地质环境修复治理，提升矿山企业生态环保意识。下游要做好黄河滩区和黄河三角洲湿地生态综合治理工作，扎实推进黄河入海口保护治理，优化沿黄生态廊道空间布局，全面提升黄河入海口生态环保水平和生态环境质量，保护物种栖息地，建设河道沿线绿色开放空间，显著提升生态景观格局的连通性，丰富提高生物多样性。加大对黄河流域点源污染与面源污染的综合修复、防治，打好"蓝天""碧水""净土"保卫战。持续加大工业污染治理力度，建立完善大气污染防治长效工作机制，关停落后煤电机组，淘汰不达标车辆，取缔"散乱污"企业，推进清洁取暖"电代煤""气代煤"。

2. **量水而行、节水为重，加强水资源节约集约利用**

黄河流域最大的矛盾是水资源短缺。沿黄各省区必须强化水资源刚性约束，守牢流域用水总量"只减不增"的最严格水资源管理制度，坚持以水定城、以水定地、以水定人、以水定产，合理规划人口、城市和产业发展，加强用水总量和强度双控，精打细算用好"每一滴水"，加快建设节水型社会，让节约用水良好习惯在黄河流域蔚然成风。严格落实空间规划，科学布局生产、生活、生态空间，推动产业、城市与黄河和谐共生、相融共济。提高农业节水成效，分区确定农业灌溉用水定额，推行农业灌溉计量水价和超定额累进加价制度，建立农业用水精准补贴和节水奖励机制；加快推进大中型灌区续建配套和现代化改造，完善微循环灌排体系。完善工业节水机制，适时修订工业用水定额，严控高耗水行业用水，督促流域超用水定额单位节水降耗；提高工业用水超定额水价，倒逼高耗水产业有序退出。提升全流域节水水平，支持鼓励沿黄地区节水型城市和节水型社会达标县（市、区）创建活动，对于表现突出的给予一定资金补助。大力开展全流域水系综合治理工作，清淤疏浚流域库区、河道、湖泊，畅通水系"毛细血管"，增强分洪、蓄水、补水调节能力。深入推进水权改革，明晰"水权属"、发展"水市场"，探索建立闲置用水权认定和处置机制，盘活存量水资源。着力推进水价改革，加快制定出台城乡居民、工业、农业、生态分类水价，鼓励各地推进水源工程、供水排水、污水处理、中水回用等一体化建设运营。支持沿黄地区系统推进海绵城市建设，将再生水纳入水资源统一配置。加强水资源监管，健全黄河干支流取用水监测计量管理制度，加强各类取水口监督管理，从严整治违规取用黄河水行为。建立流域水资源承载力管控体系，对水资源超载地区销号前原则按水源停止新增取水许可。建立黄河河道外生态补水省市县三级联合调度机制、重要河湖生态流量监测预警机制、各类人造水面景观排查整治长效机制，严禁向"伪生态"补水项目供水。

3. 强化监管、加强治理，建立流域绿色发展长效机制

按照"谁开发、谁保护，谁利用、谁补偿"原则，支持流域下游与上游之间建立纵向与横向、补偿与赔偿、政府与市场有机结合的生态补偿机制，提高沿黄各省区保护生态环境的能动性和积极性。强化流域监管目标责任考核，将资源保护、生态恢复、环境改善等纳入地方政府政绩考核体系。严控流域农药和化肥的使用，强化煤炭、印染、造纸、有色金属等重点行业和企业污染防治，坚决取缔"十小"企业，推进流域重污染行业结构调整和企业生态集聚。加强流域城市黑臭水体治理、河道综合整治，持续打好污染防治攻坚战。组建生态环境监测评估机构，充分运用现代信息技术开展"数字黄河"建设，编制黄河流域生态保护和高质量发展地图集和黄河流域实景三维数据库；以构建空天地水一体化监测体系为目标，利用测绘、扫描等领域的高新技术，构建"模型黄河"，全面提升监测能力和技术水平，为提高政府部门信息化管理能力和工作效率提供支撑。

三 开放为先，夯实发展后劲

习近平总书记强调，开放是当代中国的鲜明标识，是实现中国式现代化的重要法宝。面对当前复杂严峻的国际形势和外部风险挑战，黄河流域实现高质量发展，必须在更加开放、更高水平开放条件下进行。

1. 深度融入"一带一路"建设，提升对外开放水平

加强与"一带一路"沿线国家深度合作，积极开拓新兴国家市场，提升投资贸易便利化水平，鼓励流域企业"走出去"，支持在"一带一路"沿线国家布局建设贸易平台，与境外重要自贸园区、自贸港建立双向开放合作平台。加强与"一带一路"沿线国家的人文交流合作，吸引更多国家来黄河流域设立领事机构和办事机构。

2. 加快自贸区建设，实现流域联动发展

当前，黄河流域已有四川、陕西、河南、山东4个省份建立了自贸区，占全国自贸区的近1/5，下一步要积极争取其余5个省区自贸区获批建设。同时，要借鉴学习《区域全面经济伙伴关系协定》（RCEP）、《全面与进步跨太平洋伙伴关系协定》（CPTPP）和《数字经济伙伴关系协定》（DEPA）等国际经贸规则，率先在数字经济、网络电信、文化教育、医疗养老、知识产权等领域实现新突破。倡议成立黄河流域自贸区合作联盟，加强沿黄各省区之间的产业联动和项目对接，推动信息共享、创新推动、模式共建，实现互利共赢。

3. 内外联动，多向并进，打造全面开放新格局

优化提升既有铁路、公路、机场功能，加快形成以"米"字形、"一"字形、"几"字形、"十"字形为主骨架的黄河流域现代化交通网络，实现区域高效连通。强化青岛作为黄河流域出海口的航运枢纽能力和陆海统筹能力，加快西安、郑州国际航空枢纽建设，提升兰州、呼和浩特、济南、银川、太原、西宁等区域枢纽机场功能，构建高效便捷安全的综合交通网络。依托城市群和新亚欧大陆桥通道，加强黄河流域与长江经济带、京津冀、粤港澳大湾区、成渝地区协同合作，共同构筑起辐射黄河流域、东连日韩、西

接欧亚的国际物流大通道。以产业链为纽带，以平台型龙头企业和园区为依托，探索"飞地经济"发展新模式，建立跨区域产业合作机制，推动建设"双向飞地""共管园区"，共同打造黄河流域产业发展高地，奏响黄河流域对外开放"协奏曲"。

四　共建共享，提升发展温度

习近平总书记指出："共享理念实质就是坚持以人民为中心的发展思想，体现的是逐步实现共同富裕的要求。"共享发展成果，既是中国式现代化的价值遵循，也是中国式现代化的活力之源。推动黄河流域生态保护和高质量发展，就是要在守牢生态环境底线的前提下，解决流域经济社会发展中面临的不充分不平衡问题，"让黄河成为造福人民的幸福河"。

1.推动巩固拓展脱贫攻坚成果与乡村振兴有效衔接

黄河流域是我国贫困人口较为集中的区域之一，当前虽已全部脱贫摘帽，但共同富裕道路上一个也不能少。贯彻落实共享发展理念，必须强化跨区域协同合作机制，鼓励黄河下游经济条件较好的省市和企业对口帮扶中上游落后地区，缩小黄河流域内部经济发展水平、居民收入水平差异，加快构建内外并举、全域统筹、量质双高的共同富裕格局。

2.探索黄河流域"绿""富"共赢道路

强化水土资源和环境容量约束，发挥市场机制对水资源配置的作用，挖掘水资源和水生态的经济价值。以城市群为主要空间载体，加快推进工业化、城镇化、深化优势互补，强化生态开发区对生态保护区的生态支撑及要素资本补偿，促进生态保护与经济社会发展的耦合协调，实现以产业发展推动"绿""富"协同。

3.促进流域基本公共服务均等化

当前，城乡和区域分配不均衡是黄河流域共享发展面临的突出问题。要在基本公共服务领域下大力气，全面取消流域内城市户口落户限制，逐步实现公共服务供给方式多元化便利化。完善黄河滩区道路、水利、电力等基础设施，改造升级公路网，推进国省道、农村公路建设及维护；优化改造提升社区教育、文化、公共卫生等配套服务，因地制宜发展特色种养、生态旅游、商贸流通等产业，打造"黄河滩"区域优质品牌。加大流域欠发达地区普惠性、兜底性民生事业财政投资力度，改善当地公共服务条件，促进教育、医疗、卫生资源共享发展，让流域人民群众更有获得感、幸福感、安全感。

五　协调为核，拓展发展空间

习近平总书记强调，协调发展是实现共同富裕的必由之路，是实现中国式现代化的关键支撑。实现黄河流域高质量发展，必须提高流域的协调发展水平，增强高质量发展的整体性、系统性、协调性。

1. 构建流域协同治理机制

黄河流域是一个有机整体，生态保护和高质量发展涉及全流域、上下游、左右岸，必须从国家战略全局出发，打破传统行政区域和部门界限，算大账、长远账、整体账、综合账，统筹好当前与长远、整体与局部、左岸与右岸、干流与支流等方面的关系，加快构建全流域综合治理机制，建立新时代黄河流域宜农则农、宜林则林、宜工则工、宜游则游的新发展格局，唱响新时代"黄河大合唱"。

2. 促进城市群协同发展

黄河上游的兰西城市群、宁夏沿黄城市群和呼包鄂榆城市群，要以提升人口和产业集聚能力为载体，推动人口、产业向中心城市和县城集聚，加快碳达峰碳中和约束下的能源重化工产业绿色转型升级，培育优势特色能源产业。中游的关中平原城市群和太原城市群，要进一步强化都市区引领和中心城市带动，打造体制机制更为完善、辐射带动力更强的发展区域。下游的中原城市群、山东半岛城市群要加快战略性新兴产业和先进制造业发展，进一步提高郑州、青岛等中心城市的经济和人口承载能力及可持续竞争力，建设具有国际竞争力和影响力的现代化大都市。

3. 创新协调发展体制机制

加快构建黄河流域联动协商机制，促进区域合作机制创新，构建跨区域的行业协会、联合商会、市场中介组织，实现资源信息共享。加快建设流域统一大市场体系，破除妨碍生产要素流动的体制机制障碍，统一市场准入标准和条件，设立全流域公正公开公平的市场准则，加强各省区在公共文化、教育科技、社会保障等方面的联动合作。

六　守正创新，奏响文化强音

九曲黄河，川流不息，孕育了灿烂的中华文明。黄河是中华民族永续发展的源泉所系、血脉所依、根魂所在。习近平总书记强调："黄河文化是中华文明的重要组成部分，是中华民族的根和魂。"加强黄河文化内涵与精髓研究，全面挖掘梳理黄河文化蕴含的时代价值，促进黄河文化创造性转化、创新性发展，推动沿黄地区文化产业、旅游产业做大做强，增强中华儿女"同根同源""大一统"的民族意识，铸造中华民族精神家园，凝聚起加快推进中国式现代化建设的磅礴伟力。

1. 弘扬传承黄河文化

按照"保护优先、适度开发"的思路原则，以铸牢中华民族共同体意识为主线，从中华文明的整体历史脉络入手，深入挖掘黄河文化的时代价值，提升黄河文化传播力。深刻把握以文塑旅、以旅彰文的文旅融合发展新路径，统筹推进弘扬传承黄河文化与高质量打造黄河文化旅游带重点任务，推动黄河流域文化整体保护、活态传承、创新发展，突出黄河文化在中华文明形成和发展中的独一无二的地位和价值。深入开展黄河流域考古发掘和遗产研究工程，加快编制黄河文化保护专项规划、黄河国家文化公园建设规划，组织专业队伍完成黄河流域文化和旅游资源以及黄河流域古文化遗址遗迹普查建档，摸清黄河流域文化资源、旅游资源和文物资源"家底"，建立黄河文化资源数据库，打造开放共享的黄河文化资源公共数据平台，让静止的历史文物讲述生动的"黄河故事"，让久远的非物质文化遗产焕发生机活力。

2. 打造黄河文化旅游带

沿黄各省区要深入推进文旅高质量融合，联手打造黄河文化旅游带，携手向世界讲好"中国故事"和"黄河故事"。借助最新技术手段，探索和建立黄河文化旅游全景地图，建设黄河旅游信息化服务"微平台"，打造一批跨区域的主题精品旅游线路，全面展示真实、立体、发展的"中国黄河"整体形象，打造独具魅力的黄河"几"字弯文化旅游带。组建"大黄河"文旅联盟，深入实施文化惠民工程、旅游目的地建设工程、红色景区提升工程，吸引优质企业签约黄河流域重点文化和旅游项目。加强沿黄各省区文化交流与合作，积极搭建高层次黄河文化对话交流平台，推动落实沿黄城市文化旅游协作发展框架协议，积极开展黄河流域九省区共祭、民间艺术比赛、农民文艺汇演、民间工艺品大赛等民族文化活动。加快推进沿黄古城、古镇、古街区、古村落改造保护利用工程，培育一批以民俗为特色的"黄河风情村"。大力发展红色旅游、研学旅游、冰雪旅游、草原之旅、自驾旅游、避暑旅游等特色产品。强化黄河文化艺术创作交流，筹备建立黄河文化学堂，发起沿黄流域九省区文化艺术创作联盟，联合创作编排以黄河文化为题材的大型剧目、影视作品、书画摄影等文艺作品，共同传播好黄河文化。深化文化交流合作，积极推动黄河文化走出去。深耕尼山论坛、稷下论坛等世界文明对话的国际平台，打造世界文明交流互鉴高地，通过举办黄河文化国际传播论坛和黄河文化国际交流活动，积极与世界其他大河流域的文明碰撞，学习借鉴世界其他国家文化的有益成果，推动黄河文化的繁荣与发展。

　　3. 加强黄河文化的传播推广

　　传承和弘扬传统文化，最重要的就是坚持创造性转化、创新性发展。要善于汲取有利于激活中华优秀传统文化生命力的新理念、新手段、新技术，善于挖掘文化资源之间的联系，强强联合打造文化要素集聚的新场景、新形态，"以古人之规矩，开自己之生面"，赋予黄河文化新的时代内涵和现代表达形式，不断增强其影响力和感召力。强化科技赋能，建设数字黄河、智慧黄河，加快黄河历史文化资源数字化、网络化、智能化进程，推动物联网、大数据、虚拟现实、"5G+8K"等新技术赋能黄河文化创作、生产、传播、消费等各环节，加快发展新型文化企业、文化业态、文化消费模式。引导新闻出版、广播影视、文化演艺、休闲娱乐、工艺美术等传统文化产业转型升级，大力发展创意设计、动漫游戏、网络视听等新兴文化创意产业。鼓励沿黄各城市、城镇、乡村抢抓文化产业数字化发展机遇，充分挖掘本地特色文化资源，发展特色文化创意产业，培育一批具有较强竞争力的网络视听产业、沉浸式光影秀等文化企业，打造一批内涵丰富、覆盖广泛的黄河文化品牌，建立一批具有鲜明特色和内容优势的黄河文化创意产业园区。打造以大数据、互联网、人工智能、虚拟现实等数字化新媒体为主的传播平台，实现黄河文化的数字化传播。构建线上直播、云游览的新模式，扩大黄河文化的传播范围，加快传播效率。充分利用抖音、快手等短视频平台，大力开发数字化文化产品。广泛传播黄河文化的精髓和时代价值，拍摄《如果国宝会说话》《国家宝藏》等系列节目。繁荣群众文艺，开展"五个一批"文化惠民活动。积极开展"文化进景区、演艺进景区"活动，举办黄河文化艺术节、大河文明旅游论坛等重大文化活动，充分展现黄河文化的独特魅力。

附录 1

指标的标准化值

年份	省份	x_1	x_2	x_3	x_4	x_5	x_6
	青海	0.002	0.418	0.684	0.620	0.497	0.364
	四川	0.942	1.000	0.884	0.853	0.888	0.407
	甘肃	0.622	0.885	0.681	0.813	0.599	0.740
	宁夏	0.138	0.368	0.033	0.000	0.000	0.049
2012	内蒙古	0.598	0.584	0.380	0.945	0.697	0.000
	陕西	0.945	0.961	0.966	0.749	0.898	0.987
	山西	0.721	0.809	0.995	0.818	0.848	0.443
	河南	0.887	0.957	0.945	0.875	0.932	0.872
	山东	0.907	0.884	0.970	0.941	0.938	0.070
	青海	0.000	0.326	0.669	0.641	0.576	0.420
	四川	0.951	0.990	0.890	0.898	0.902	0.414
	甘肃	0.640	0.862	0.684	0.833	0.630	0.640
	宁夏	0.137	0.303	0.000	0.126	0.080	0.049
2013	内蒙古	0.601	0.534	0.382	0.952	0.739	0.006
	陕西	0.954	0.946	0.963	0.782	0.916	1.000
	山西	0.716	0.795	0.993	0.838	0.868	0.553
	河南	0.897	0.946	0.944	0.898	0.936	0.876
	山东	0.913	0.865	0.976	0.950	0.953	0.073

年份	省份	x_1	x_2	x_3	x_4	x_5	x_6
2014	青海	0.010	0.276	0.710	0.675	0.638	0.349
	四川	0.962	0.985	0.899	0.913	0.902	0.452
	甘肃	0.671	0.855	0.689	0.862	0.663	0.588
	宁夏	0.153	0.279	0.052	0.222	0.146	0.058
	内蒙古	0.580	0.465	0.386	0.957	0.736	0.057
	陕西	0.960	0.934	0.963	0.806	0.926	0.985
	山西	0.722	0.796	1.000	0.853	0.886	0.652
	河南	0.918	0.946	0.983	0.915	0.963	0.913
	山东	0.922	0.856	0.981	0.970	0.961	0.087
2015	青海	0.200	0.357	0.702	0.690	0.629	0.368
	四川	0.974	0.988	0.862	0.928	0.903	0.193
	甘肃	0.672	0.853	0.693	0.874	0.694	0.669
	宁夏	0.161	0.257	0.061	0.232	0.208	0.067
	内蒙古	0.587	0.426	0.365	0.958	0.727	0.132
	陕西	0.966	0.936	0.960	0.810	0.930	0.665
	山西	0.734	0.812	0.992	0.861	0.869	0.640
	河南	0.938	0.950	0.969	0.919	0.957	0.914
	山东	0.894	0.795	0.985	0.971	0.967	0.093
2016	青海	0.333	0.389	0.715	0.742	0.674	0.372
	四川	0.981	0.980	0.862	0.938	0.915	0.415
	甘肃	0.712	0.862	0.696	0.896	0.711	0.675
	宁夏	0.225	0.262	0.169	0.276	0.304	0.069
	内蒙古	0.609	0.407	0.342	0.962	0.734	0.175
	陕西	0.957	0.913	0.964	0.824	0.938	0.711
	山西	0.723	0.800	0.986	0.868	0.864	0.638
	河南	0.948	0.944	0.965	0.938	0.960	0.892
	山东	0.897	0.779	0.986	0.975	0.966	0.104
2017	青海	0.343	0.335	0.729	0.778	0.715	0.387
	四川	0.996	0.972	0.862	0.950	0.913	0.428
	甘肃	0.699	0.835	0.707	0.912	0.671	0.673
	宁夏	0.264	0.184	0.165	0.397	0.334	0.079
	内蒙古	0.594	0.323	0.352	0.970	0.739	0.176
	陕西	0.962	0.890	0.959	0.841	0.941	0.681
	山西	0.761	0.760	0.987	0.884	0.853	0.537
	河南	0.959	0.933	0.960	0.947	0.959	0.851
	山东	0.913	0.779	0.993	0.981	0.969	0.116

年份	省份	x_1	x_2	x_3	x_4	x_5	x_6
2018	青海	0.373	0.275	0.725	0.801	0.749	0.393
	四川	0.999	0.951	0.876	0.958	0.922	0.452
	甘肃	0.697	0.799	0.723	0.925	0.708	0.489
	宁夏	0.270	0.105	0.171	0.485	0.408	0.075
	内蒙古	0.553	0.186	0.329	0.977	0.753	0.181
	陕西	0.971	0.874	0.959	0.867	0.950	0.758
	山西	0.767	0.725	0.989	0.893	0.869	0.550
	河南	0.966	0.916	0.960	0.957	0.964	0.859
	山东	0.906	0.746	0.990	0.988	0.972	0.131
2019	青海	0.448	0.306	0.726	0.804	0.789	0.427
	四川	1.000	0.937	0.886	0.965	0.936	0.446
	甘肃	0.731	0.798	0.732	0.933	0.761	0.494
	宁夏	0.312	0.096	0.122	0.480	0.385	0.450
	内蒙古	0.540	0.096	0.332	0.981	0.773	0.175
	陕西	0.949	0.818	0.963	0.884	0.963	0.911
	山西	0.774	0.704	0.983	0.904	0.887	0.615
	河南	0.983	0.920	0.957	0.962	0.972	0.847
	山东	0.907	0.727	0.977	0.992	0.972	0.140
2020	青海	0.438	0.279	0.765	0.814	0.834	0.421
	四川	0.994	0.919	0.908	0.983	0.956	0.471
	甘肃	0.717	0.772	0.731	0.943	0.801	0.488
	宁夏	0.385	0.147	0.124	0.505	0.510	0.470
	内蒙古	0.503	0.018	0.311	0.982	0.798	0.182
	陕西	0.971	0.850	0.970	0.889	0.976	0.877
	山西	0.776	0.687	0.993	0.902	0.926	0.662
	河南	0.986	0.919	0.959	0.965	0.985	0.879
	山东	0.887	0.679	0.981	0.993	0.980	0.140
2021	青海	0.409	0.144	0.761	0.851	0.846	0.426
	四川	0.988	0.884	0.898	0.980	0.954	0.521
	甘肃	0.736	0.737	0.728	0.953	0.841	0.516
	宁夏	0.410	0.036	0.163	0.576	0.566	0.496
	内蒙古	0.597	0.000	0.322	0.988	0.826	0.210
	陕西	0.948	0.765	0.966	0.908	0.983	0.953
	山西	0.827	0.632	0.993	0.927	0.940	0.692
	河南	0.985	0.900	0.974	0.961	0.994	0.826
	山东	0.905	0.649	0.995	1.000	1.000	0.152

续表

年份	省份	x_7	x_8	x_9	x_{10}	x_{11}	x_{12}	x_{13}
2012	青海	0.377	0.220	0.475	0.633	0.428	0.815	0.075
	四川	0.521	0.287	0.815	0.898	0.291	0.799	0.025
	甘肃	0.336	0.071	0.446	0.608	0.405	0.000	0.355
	宁夏	0.000	0.000	0.000	0.000	0.620	0.497	0.271
	内蒙古	0.218	0.393	0.308	0.377	0.280	0.849	0.075
	陕西	0.667	0.475	0.691	0.756	0.510	0.803	0.130
	山西	0.639	0.414	0.418	0.517	0.630	0.661	0.181
	河南	0.568	0.376	0.773	0.760	0.720	0.767	0.022
	山东	0.601	0.532	0.791	0.836	0.962	0.967	0.093
2013	青海	0.450	0.314	0.523	0.659	0.420	0.620	0.100
	四川	0.584	0.376	0.843	0.918	0.226	0.914	0.045
	甘肃	0.424	0.207	0.513	0.676	0.433	0.010	0.282
	宁夏	0.113	0.103	0.123	0.124	0.679	0.871	0.620
	内蒙古	0.301	0.461	0.377	0.448	0.346	0.889	0.272
	陕西	0.718	0.554	0.738	0.801	0.542	0.939	0.188
	山西	0.661	0.446	0.454	0.565	0.562	0.793	0.320
	河南	0.620	0.453	0.796	0.792	0.728	0.829	0.086
	山东	0.657	0.597	0.822	0.863	0.979	0.991	0.113
2014	青海	0.484	0.359	0.565	0.680	0.440	0.765	0.269
	四川	0.627	0.440	0.860	0.934	0.256	0.921	0.058
	甘肃	0.480	0.291	0.540	0.722	0.353	0.359	0.268
	宁夏	0.175	0.183	0.202	0.243	0.766	0.884	1.000
	内蒙古	0.360	0.516	0.437	0.532	0.452	0.933	0.341
	陕西	0.753	0.605	0.769	0.836	0.534	0.928	0.138
	山西	0.681	0.468	0.479	0.604	0.566	0.864	0.192
	河南	0.665	0.520	0.823	0.833	0.739	0.877	0.113
	山东	0.694	0.642	0.840	0.880	1.000	1.000	0.189
2015	青海	0.532	0.401	0.610	0.748	0.332	0.780	0.186
	四川	0.656	0.481	0.881	0.948	0.275	0.945	0.025
	甘肃	0.495	0.313	0.547	0.746	0.391	0.387	0.069
	宁夏	0.243	0.237	0.275	0.344	0.522	0.827	0.371
	内蒙古	0.410	0.570	0.504	0.607	0.295	0.961	0.192
	陕西	0.769	0.635	0.789	0.862	0.569	0.966	0.124
	山西	0.703	0.494	0.507	0.652	0.427	0.951	0.218
	河南	0.698	0.570	0.843	0.867	0.745	0.931	0.062
	山东	0.726	0.679	0.860	0.907	0.954	1.000	0.119

续表

年份	省份	x_7	x_8	x_9	x_{10}	x_{11}	x_{12}	x_{13}
2016	青海	0.909	0.802	0.874	0.836	0.474	0.936	0.372
	四川	0.934	0.896	0.956	0.948	0.194	0.976	0.025
	甘肃	0.918	0.905	0.886	0.856	0.295	0.533	0.212
	宁夏	0.681	0.754	0.633	0.664	0.312	0.971	0.817
	内蒙古	0.961	0.958	0.788	0.799	0.119	0.981	0.190
	陕西	0.974	0.956	0.936	0.931	0.531	0.975	0.079
	山西	0.926	0.880	0.787	0.728	0.254	0.907	0.249
	河南	0.958	0.940	0.955	0.933	0.502	0.979	0.125
	山东	0.978	0.963	0.940	0.915	0.843	1.000	0.152
2017	青海	0.954	0.887	0.898	0.860	0.482	0.910	0.058
	四川	0.950	0.917	0.974	0.966	0.145	0.975	0.026
	甘肃	0.938	0.924	0.911	0.883	0.242	0.973	0.140
	宁夏	0.771	0.848	0.762	0.759	0.168	0.984	0.269
	内蒙古	0.985	0.984	0.872	0.845	0.021	0.990	0.285
	陕西	0.982	0.963	0.960	0.952	0.175	0.982	0.058
	山西	0.957	0.917	0.881	0.814	0.171	0.912	0.309
	河南	0.971	0.953	0.989	0.957	0.464	0.994	0.086
	山东	0.984	0.974	0.971	0.940	0.795	1.000	0.129
2018	青海	0.956	0.870	0.916	0.888	0.457	0.932	0.109
	四川	0.960	0.926	0.982	0.976	0.218	0.988	0.023
	甘肃	0.953	0.940	0.924	0.897	0.163	0.996	0.096
	宁夏	0.781	0.889	0.809	0.799	0.158	0.988	0.213
	内蒙古	0.994	0.994	0.887	0.865	0.000	0.996	0.217
	陕西	0.991	0.972	0.973	0.963	0.130	0.984	0.079
	山西	0.965	0.934	0.912	0.846	0.138	0.997	0.262
	河南	0.981	0.967	0.992	0.968	0.460	0.995	0.078
	山东	0.991	0.978	0.978	0.948	0.769	1.000	0.132
2019	青海	0.968	0.905	0.928	0.906	0.430	0.936	0.159
	四川	0.964	0.933	0.984	0.981	0.219	0.997	0.020
	甘肃	0.967	0.953	0.937	0.910	0.198	1.000	0.063
	宁夏	0.801	0.914	0.830	0.832	0.204	0.998	0.164
	内蒙古	1.000	1.000	0.897	0.866	0.021	0.997	0.153
	陕西	0.996	0.980	0.976	0.970	0.157	0.995	0.097
	山西	0.971	0.942	0.934	0.867	0.143	1.000	0.221
	河南	0.988	0.977	0.995	0.977	0.321	0.994	0.070
	山东	0.995	0.983	0.984	0.957	0.755	0.999	0.137

年份	省份	x_7	x_8	x_9	x_{10}	x_{11}	x_{12}	x_{13}
2020	青海	0.758	0.799	0.935	0.917	0.262	0.988	0.000
	四川	0.774	0.818	0.988	0.991	0.179	1.000	0.052
	甘肃	0.395	0.934	0.955	0.926	0.370	1.000	0.040
	宁夏	0.491	0.916	0.909	0.883	0.297	0.999	0.157
	内蒙古	0.639	0.924	0.922	0.899	0.140	0.999	0.087
	陕西	0.853	0.904	0.987	0.982	0.376	0.999	0.066
	山西	0.694	0.908	0.957	0.877	0.211	1.000	0.140
	河南	0.779	0.919	0.999	0.983	0.701	0.999	0.016
	山东	0.830	0.934	0.991	0.990	0.755	1.000	0.068
2021	青海	0.804	0.815	0.941	0.937	0.395	0.989	0.032
	四川	0.790	0.874	0.992	1.000	0.245	1.000	0.006
	甘肃	0.410	0.951	0.962	0.944	0.318	1.000	0.055
	宁夏	0.510	0.955	0.935	0.900	0.282	1.000	0.127
	内蒙古	0.672	0.928	0.948	0.929	0.116	0.998	0.138
	陕西	0.869	0.911	0.991	0.997	0.343	1.000	0.007
	山西	0.770	0.947	0.971	0.942	0.215	1.000	0.014
	河南	0.784	0.933	1.000	0.991	0.754	1.000	0.001
	山东	0.851	0.955	0.995	0.993	0.767	1.000	0.037

年份	省份	x_{14}	x_{15}	x_{16}	x_{17}	x_{18}
2012	青海	0.000	0.049	0.854	0.753	0.877
	四川	0.725	0.132	0.470	0.504	0.795
	甘肃	0.182	0.025	0.615	0.623	0.710
	宁夏	0.166	0.548	0.120	0.277	0.929
	内蒙古	0.345	0.532	0.238	0.115	1.000
	陕西	0.877	0.199	0.040	0.148	0.844
	山西	0.296	0.135	0.100	0.092	0.911
	河南	0.419	0.000	0.003	0.065	0.892
	山东	0.264	0.604	0.084	0.039	0.911
2013	青海	0.000	0.036	0.851	0.760	0.511
	四川	0.730	0.168	0.427	0.480	0.224
	甘肃	0.129	0.214	0.612	0.647	0.425
	宁夏	0.186	0.701	0.120	0.295	0.634
	内蒙古	0.345	0.649	0.236	0.136	0.500
	陕西	0.877	0.215	0.040	0.192	0.291
	山西	0.295	0.165	0.089	0.048	0.310
	河南	0.382	0.030	0.003	0.044	0.205
	山东	0.264	0.641	0.088	0.131	0.000

续表

年份	省份	x_{14}	x_{15}	x_{16}	x_{17}	x_{18}
2014	青海	0.000	0.131	0.851	0.733	0.679
	四川	0.736	0.172	0.428	0.404	0.511
	甘肃	0.129	0.301	0.564	0.713	0.627
	宁夏	0.191	0.734	0.120	0.353	0.657
	内蒙古	0.370	0.810	0.207	0.199	0.601
	陕西	0.917	0.275	0.040	0.150	0.347
	山西	0.295	0.175	0.088	0.081	0.440
	河南	0.429	0.059	0.003	0.023	0.209
	山东	0.264	0.666	0.092	0.118	0.104
2015	青海	0.005	0.106	0.851	0.705	0.806
	四川	0.743	0.231	0.428	0.317	0.492
	甘肃	0.143	0.254	0.564	0.713	0.645
	宁夏	0.162	0.751	0.120	0.413	0.672
	内蒙古	0.371	0.850	0.209	0.021	0.735
	陕西	0.917	0.283	0.040	0.233	0.638
	山西	0.295	0.201	0.088	0.012	0.563
	河南	0.435	0.079	0.003	0.002	0.213
	山东	0.264	0.688	0.066	0.104	0.168
2016	青海	0.005	0.131	0.851	0.679	0.714
	四川	0.764	0.274	0.423	0.351	0.501
	甘肃	0.129	0.398	0.541	0.922	0.609
	宁夏	0.179	0.767	0.120	0.457	0.643
	内蒙古	0.370	0.892	0.209	0.118	0.758
	陕西	0.917	0.260	0.040	0.192	0.420
	山西	0.357	0.223	0.088	0.083	0.568
	河南	0.449	0.102	0.003	0.138	0.297
	山东	0.264	0.734	0.066	0.127	0.330
2017	青海	0.005	0.165	0.852	0.730	0.802
	四川	0.793	0.275	0.420	0.413	0.582
	甘肃	0.129	0.477	0.540	0.896	0.571
	宁夏	0.196	0.841	0.118	0.457	0.571
	内蒙古	0.371	0.882	0.209	0.127	0.657
	陕西	0.917	0.288	0.040	0.384	0.377
	山西	0.357	0.233	0.088	0.224	0.362
	河南	0.457	0.234	0.004	0.250	0.325
	山东	0.283	0.728	0.066	0.000	0.381

年份	省份	x_{14}	x_{15}	x_{16}	x_{17}	x_{18}
2018	青海	0.030	0.188	0.852	0.769	0.757
	四川	0.812	0.316	0.420	0.631	0.642
	甘肃	0.130	0.374	0.534	0.922	0.500
	宁夏	0.211	0.943	0.116	0.217	0.634
	内蒙古	0.397	0.786	0.209	0.067	0.720
	陕西	0.917	0.214	0.039	0.628	0.403
	山西	0.357	0.258	0.088	0.259	0.339
	河南	0.467	0.293	0.000	0.302	0.332
	山东	0.294	0.712	0.066	0.053	0.407
2019	青海	0.030	0.228	0.852	0.942	0.996
	四川	0.831	0.406	0.420	0.838	0.776
	甘肃	0.130	0.427	0.534	1.000	0.810
	宁夏	0.226	1.000	0.118	0.310	0.914
	内蒙古	0.397	0.802	0.209	0.217	0.795
	陕西	0.917	0.202	0.040	0.697	0.545
	山西	0.414	0.288	0.088	0.242	0.451
	河南	0.480	0.369	0.000	0.437	0.366
	山东	0.302	0.706	0.007	0.132	0.384
2020	青海	0.035	0.272	0.852	1.000	0.959
	四川	0.841	0.437	0.863	0.981	0.747
	甘肃	0.130	0.501	0.631	0.974	0.866
	宁夏	0.241	0.997	0.120	0.381	0.825
	内蒙古	0.419	0.898	0.209	0.265	0.799
	陕西	0.917	0.301	0.040	0.824	0.635
	山西	0.424	0.362	0.088	0.483	0.539
	河南	0.471	0.440	0.005	0.607	0.561
	山东	0.302	0.715	0.059	0.266	0.535
2021	青海	0.035	0.303	0.852	0.982	0.936
	四川	0.846	0.381	0.400	0.908	0.821
	甘肃	0.130	0.478	1.000	0.928	0.810
	宁夏	0.268	0.952	0.121	0.647	0.850
	内蒙古	0.419	0.908	0.209	0.383	0.891
	陕西	1.000	0.310	0.040	0.841	0.694
	山西	0.434	0.375	0.088	0.511	0.541
	河南	0.471	0.495	0.005	0.646	0.589
	山东	0.367	0.737	0.007	0.563	0.559

年份	省份	x_{19}	x_{20}	x_{21}	x_{22}	x_{23}
2012	青海	0.128	0.061	0.005	0.154	0.005
	四川	0.404	0.174	0.104	0.052	0.207
	甘肃	0.247	0.086	0.031	0.166	0.267
	宁夏	0.127	0.273	0.015	0.010	0.216
	内蒙古	0.178	0.132	0.019	0.122	0.147
	陕西	0.659	0.488	0.240	0.296	0.118
	山西	0.252	0.251	0.055	0.026	0.130
	河南	0.225	0.211	0.047	0.010	0.184
	山东	0.816	0.600	0.162	0.034	0.688
2013	青海	0.103	0.035	0.000	0.193	0.008
	四川	0.423	0.228	0.107	0.064	0.225
	甘肃	0.243	0.090	0.040	0.205	0.258
	宁夏	0.146	0.286	0.031	0.000	0.315
	内蒙古	0.205	0.198	0.017	0.036	0.148
	陕西	0.716	0.581	0.247	0.422	0.126
	山西	0.325	0.260	0.058	0.049	0.152
	河南	0.248	0.294	0.046	0.008	0.342
	山东	0.865	0.672	0.201	0.041	0.721
2014	青海	0.090	0.055	0.009	0.194	0.000
	四川	0.444	0.299	0.143	0.080	0.238
	甘肃	0.273	0.133	0.043	0.217	0.288
	宁夏	0.176	0.366	0.054	0.009	0.201
	内蒙古	0.194	0.220	0.007	0.007	0.123
	陕西	0.694	0.627	0.298	0.463	0.131
	山西	0.309	0.264	0.075	0.043	0.144
	河南	0.263	0.339	0.054	0.007	0.348
	山东	0.903	0.733	0.244	0.055	0.709
2015	青海	0.000	0.000	0.053	0.291	0.027
	四川	0.490	0.299	0.254	0.111	0.254
	甘肃	0.311	0.130	0.088	0.246	0.267
	宁夏	0.187	0.358	0.130	0.010	0.308
	内蒙古	0.215	0.228	0.044	0.007	0.145
	陕西	0.735	0.574	0.429	0.509	0.130
	山西	0.246	0.210	0.141	0.048	0.165
	河南	0.271	0.364	0.106	0.008	0.377
	山东	0.909	0.772	0.414	0.063	0.682

续表

年份	省份	x_{19}	x_{20}	x_{21}	x_{22}	x_{23}
2016	青海	0.020	0.027	0.082	0.315	0.047
	四川	0.507	0.345	0.292	0.108	0.267
	甘肃	0.310	0.121	0.095	0.272	0.136
	宁夏	0.227	0.374	0.173	0.011	0.203
	内蒙古	0.224	0.278	0.053	0.003	0.163
	陕西	0.737	0.641	0.474	0.532	0.155
	山西	0.242	0.228	0.140	0.038	0.229
	河南	0.295	0.391	0.143	0.011	0.379
	山东	0.947	0.850	0.477	0.078	0.739
2017	青海	0.068	0.120	0.067	0.344	0.134
	四川	0.502	0.422	0.323	0.129	0.307
	甘肃	0.285	0.135	0.099	0.277	0.155
	宁夏	0.290	0.399	0.207	0.019	0.282
	内蒙古	0.141	0.221	0.050	0.009	0.225
	陕西	0.712	0.690	0.557	0.542	0.192
	山西	0.203	0.305	0.138	0.075	0.247
	河南	0.328	0.439	0.172	0.014	0.409
	山东	1.000	0.914	0.465	0.096	0.793
2018	青海	0.024	0.040	0.093	0.362	0.142
	四川	0.518	0.456	0.332	0.290	0.274
	甘肃	0.282	0.112	0.093	0.278	0.106
	宁夏	0.328	0.500	0.237	0.036	0.391
	内蒙古	0.102	0.147	0.052	0.008	0.186
	陕西	0.747	0.628	0.560	0.595	0.208
	山西	0.238	0.295	0.131	0.113	0.295
	河南	0.348	0.416	0.183	0.030	0.429
	山东	0.857	0.951	0.495	0.150	0.661
2019	青海	0.056	0.116	0.089	0.032	0.134
	四川	0.590	0.498	0.342	0.327	0.305
	甘肃	0.312	0.188	0.080	0.281	0.223
	宁夏	0.398	0.548	0.180	0.043	0.337
	内蒙古	0.128	0.145	0.058	0.009	0.191
	陕西	0.766	0.797	0.622	0.721	0.256
	山西	0.250	0.326	0.132	0.075	0.287
	河南	0.408	0.535	0.146	0.047	0.364
	山东	0.699	0.800	0.501	0.194	0.579

续表

年份	省份	x_{19}	x_{20}	x_{21}	x_{22}	x_{23}
2020	青海	0.060	0.097	0.107	0.037	0.251
	四川	0.723	0.557	0.408	0.320	0.355
	甘肃	0.290	0.158	0.111	0.324	0.237
	宁夏	0.428	0.555	0.217	0.047	0.343
	内蒙古	0.160	0.232	0.086	0.019	0.206
	陕西	0.834	0.804	0.773	0.853	0.270
	山西	0.281	0.415	0.185	0.025	0.326
	河南	0.482	0.567	0.204	0.081	0.431
	山东	0.781	1.000	0.659	0.326	0.731
2021	青海	0.102	0.098	0.161	0.046	0.164
	四川	0.761	0.611	0.571	0.323	0.383
	甘肃	0.312	0.188	0.198	0.343	0.253
	宁夏	0.445	0.630	0.363	0.063	0.307
	内蒙古	0.159	0.188	0.140	0.018	0.193
	陕西	0.805	0.872	1.000	1.000	0.324
	山西	0.244	0.431	0.256	0.068	0.274
	河南	0.523	0.623	0.320	0.124	0.456
	山东	0.800	0.931	0.907	0.374	1.000

年份	省份	x_{24}	x_{25}	x_{26}	x_{27}	x_{28}
2012	青海	0.308	0.083	0.636	0.241	0.463
	四川	0.155	0.155	0.217	0.608	0.643
	甘肃	0.000	0.000	0.367	0.000	0.527
	宁夏	0.420	0.084	0.457	0.501	0.706
	内蒙古	0.667	0.329	0.357	0.443	0.714
	陕西	0.371	0.154	0.060	0.275	0.000
	山西	0.426	0.063	0.007	0.511	0.791
	河南	0.109	0.115	0.000	0.754	0.584
	山东	0.450	0.283	0.276	0.699	0.609
2013	青海	0.357	0.130	0.650	0.325	0.553
	四川	0.210	0.178	0.267	0.649	0.731
	甘肃	0.058	0.031	0.459	0.059	0.563
	宁夏	0.478	0.119	0.502	0.536	0.744
	内蒙古	0.715	0.387	0.395	0.491	0.764
	陕西	0.435	0.205	0.112	0.324	0.166
	山西	0.479	0.102	0.140	0.553	0.758
	河南	0.164	0.149	0.084	0.799	0.627
	山东	0.499	0.360	0.367	0.739	0.616

续表

年份	省份	x_{24}	x_{25}	x_{26}	x_{27}	x_{28}
2014	青海	0.410	0.151	0.718	0.381	0.531
	四川	0.263	0.208	0.351	0.689	0.754
	甘肃	0.119	0.054	0.532	0.113	0.616
	宁夏	0.545	0.142	0.542	0.573	0.762
	内蒙古	0.754	0.404	0.452	0.526	0.776
	陕西	0.484	0.232	0.171	0.375	0.208
	山西	0.527	0.119	0.282	0.597	0.777
	河南	0.213	0.154	0.164	0.830	0.713
	山东	0.543	0.420	0.447	0.775	0.675
2015	青海	0.438	0.145	0.829	0.361	0.550
	四川	0.322	0.255	0.451	0.711	0.782
	甘肃	0.186	0.076	0.769	0.143	0.657
	宁夏	0.618	0.177	0.610	0.578	0.704
	内蒙古	0.792	0.408	0.568	0.527	0.795
	陕西	0.542	0.239	0.358	0.396	0.306
	山西	0.581	0.144	0.726	0.597	0.758
	河南	0.280	0.168	0.261	0.843	0.737
	山东	0.618	0.474	0.544	0.788	0.690
2016	青海	0.502	0.167	0.830	0.364	0.523
	四川	0.381	0.303	0.616	0.730	0.810
	甘肃	0.248	0.093	0.865	0.131	0.695
	宁夏	0.678	0.187	0.682	0.582	0.694
	内蒙古	0.837	0.398	0.612	0.526	0.831
	陕西	0.598	0.266	0.445	0.405	0.231
	山西	0.628	0.166	0.796	0.610	0.766
	河南	0.340	0.177	0.362	0.861	0.771
	山东	0.691	0.493	0.649	0.790	0.696
2017	青海	0.566	0.196	0.776	0.368	0.541
	四川	0.442	0.328	0.754	0.740	0.858
	甘肃	0.317	0.061	0.944	0.136	0.729
	宁夏	0.753	0.222	0.647	0.589	0.740
	内蒙古	0.877	0.404	0.712	0.530	0.852
	陕西	0.655	0.281	0.469	0.421	0.256
	山西	0.673	0.153	0.698	0.618	0.732
	河南	0.400	0.178	0.431	0.864	0.770
	山东	0.748	0.515	0.717	0.792	0.709

年份	省份	x_{24}	x_{25}	x_{26}	x_{27}	x_{28}
2018	青海	0.628	0.263	0.761	0.401	0.580
	四川	0.500	0.361	0.854	0.754	0.899
	甘肃	0.371	0.084	0.970	0.159	0.734
	宁夏	0.794	0.282	0.719	0.602	0.714
	内蒙古	0.908	0.456	0.733	0.569	0.857
	陕西	0.709	0.307	0.506	0.441	0.286
	山西	0.716	0.181	0.791	0.657	0.745
	河南	0.457	0.210	0.595	0.877	0.813
	山东	0.771	0.579	0.804	0.797	0.724
2019	青海	0.680	0.344	0.764	0.460	0.566
	四川	0.563	0.432	0.870	0.772	0.919
	甘肃	0.405	0.132	0.997	0.189	0.749
	宁夏	0.844	0.297	0.748	0.638	0.775
	内蒙古	0.941	0.524	0.732	0.639	0.903
	陕西	0.765	0.356	0.563	0.469	0.308
	山西	0.765	0.242	0.795	0.698	0.737
	河南	0.517	0.271	0.660	0.909	0.871
	山东	0.784	0.652	0.883	0.826	0.738
2020	青海	0.724	0.710	0.781	0.503	0.586
	四川	0.610	0.559	0.862	0.813	0.980
	甘肃	0.457	0.242	1.000	0.246	0.818
	宁夏	0.890	0.882	0.755	0.702	0.821
	内蒙古	0.975	0.800	0.631	0.751	0.942
	陕西	0.811	0.617	0.642	0.524	0.431
	山西	0.807	0.377	0.752	0.744	0.835
	河南	0.566	0.840	0.669	0.973	0.974
	山东	0.825	0.747	0.921	0.859	0.746
2021	青海	0.756	0.777	0.719	0.570	0.676
	四川	0.647	0.592	0.868	0.842	1.000
	甘肃	0.494	0.330	0.884	0.314	0.880
	宁夏	0.926	1.000	0.595	0.751	0.900
	内蒙古	1.000	0.956	0.400	0.801	0.954
	陕西	0.844	0.700	0.511	0.578	0.497
	山西	0.837	0.475	0.462	0.785	0.860
	河南	0.600	0.946	0.693	1.000	0.997
	山东	0.855	0.914	0.883	0.903	0.798

年份	省份	x_{29}	x_{30}	x_{31}	x_{32}	x_{33}
2012	青海	0.000	0.114	0.032	0.301	0.008
	四川	0.522	0.420	0.149	0.993	0.066
	甘肃	0.096	0.273	0.064	0.153	0.384
	宁夏	0.194	0.165	0.061	0.366	0.036
	内蒙古	0.423	0.170	0.088	0.898	0.084
	陕西	0.305	0.166	0.073	0.466	0.092
	山西	0.307	0.209	0.081	0.532	0.064
	河南	0.523	0.297	0.107	0.942	0.031
	山东	0.734	1.000	0.548	0.646	0.211
2013	青海	0.065	0.122	0.040	0.119	0.033
	四川	0.609	0.406	0.160	0.882	0.069
	甘肃	0.141	0.281	0.076	0.142	0.398
	宁夏	0.265	0.221	0.092	0.192	0.057
	内蒙古	0.395	0.160	0.091	0.940	0.106
	陕西	0.439	0.200	0.102	0.510	0.089
	山西	0.356	0.210	0.084	0.551	0.091
	河南	0.590	0.311	0.123	0.941	0.040
	山东	0.779	0.969	0.585	0.656	0.254
2014	青海	0.024	0.140	0.051	0.057	0.034
	四川	0.649	0.401	0.173	0.807	0.086
	甘肃	0.188	0.207	0.060	0.151	0.369
	宁夏	0.332	0.361	0.160	0.125	0.146
	内蒙古	0.356	0.187	0.115	0.751	0.143
	陕西	0.505	0.252	0.141	0.524	0.101
	山西	0.363	0.212	0.086	0.607	0.100
	河南	0.646	0.306	0.132	0.945	0.047
	山东	0.812	0.928	0.597	0.655	0.289
2015	青海	0.079	0.148	0.060	0.059	0.078
	四川	0.691	0.276	0.123	0.764	0.111
	甘肃	0.256	0.191	0.055	0.154	0.373
	宁夏	0.370	0.236	0.107	0.159	0.474
	内蒙古	0.308	0.152	0.101	0.577	0.000
	陕西	0.538	0.278	0.160	0.573	0.116
	山西	0.406	0.198	0.078	0.611	0.131
	河南	0.660	0.330	0.153	0.964	0.076
	山东	0.847	0.750	0.524	0.654	0.376

年份	省份	x_{29}	x_{30}	x_{31}	x_{32}	x_{33}
2016	青海	0.163	0.105	0.047	0.013	0.091
	四川	0.628	0.257	0.126	0.610	0.138
	甘肃	0.314	0.162	0.049	0.038	0.481
	宁夏	0.445	0.197	0.095	0.214	0.729
	内蒙古	0.308	0.137	0.098	0.681	0.290
	陕西	0.591	0.272	0.166	0.622	0.149
	山西	0.342	0.241	0.097	0.680	0.211
	河南	0.636	0.310	0.156	1.000	0.171
	山东	0.773	0.728	0.536	0.677	0.573
2017	青海	0.226	0.030	0.013	0.016	0.196
	四川	0.685	0.323	0.182	0.552	0.161
	甘肃	0.466	0.104	0.032	0.012	0.534
	宁夏	0.521	0.281	0.157	0.233	0.546
	内蒙古	0.334	0.157	0.123	0.509	0.298
	陕西	0.656	0.337	0.232	0.661	0.158
	山西	0.458	0.205	0.103	0.444	0.141
	河南	0.669	0.309	0.174	0.926	0.176
	山东	0.814	0.778	0.611	0.683	0.631
2018	青海	0.240	0.026	0.014	0.002	0.175
	四川	0.747	0.371	0.238	0.607	0.167
	甘肃	0.509	0.116	0.042	0.012	0.585
	宁夏	0.541	0.180	0.110	0.142	0.600
	内蒙古	0.359	0.160	0.137	0.461	0.319
	陕西	0.684	0.394	0.301	0.675	0.162
	山西	0.496	0.223	0.125	0.530	0.151
	河南	0.694	0.291	0.183	0.846	0.214
	山东	0.847	0.801	0.663	0.726	0.672
2019	青海	0.162	0.014	0.009	0.055	0.181
	四川	0.755	0.392	0.272	0.663	0.209
	甘肃	0.415	0.102	0.040	0.021	0.595
	宁夏	0.416	0.160	0.105	0.163	1.000
	内蒙古	0.309	0.159	0.147	0.294	0.316
	陕西	0.650	0.365	0.300	0.738	0.176
	山西	0.436	0.220	0.132	0.331	0.139
	河南	0.693	0.280	0.190	0.859	0.240
	山东	0.898	0.800	0.700	0.512	0.753

年份	省份	x_{29}	x_{30}	x_{31}	x_{32}	x_{33}
	青海	0.206	0.000	0.000	0.019	0.198
	四川	0.800	0.449	0.326	0.509	0.201
	甘肃	0.451	0.098	0.040	0.022	0.631
	宁夏	0.477	0.067	0.047	0.169	0.842
2020	内蒙古	0.343	0.150	0.141	0.257	0.310
	陕西	0.708	0.387	0.323	0.794	0.170
	山西	0.469	0.221	0.139	0.350	0.101
	河南	0.729	0.321	0.222	0.899	0.239
	山东	0.948	0.829	0.748	0.594	0.789
	青海	0.252	0.005	0.005	0.000	0.120
	四川	0.847	0.479	0.387	0.492	0.182
	甘肃	0.490	0.114	0.056	0.022	0.499
	宁夏	0.543	0.113	0.090	0.136	0.638
2021	内蒙古	0.379	0.149	0.168	0.036	0.270
	陕西	0.770	0.431	0.410	0.791	0.128
	山西	0.502	0.258	0.212	0.231	0.079
	河南	0.767	0.373	0.279	0.823	0.218
	山东	1.000	0.976	1.000	0.595	0.553

年份	省份	x_{34}	x_{35}	x_{36}	x_{37}	x_{38}	x_{39}	x_{40}
	青海	0.177	0.550	0.063	0.556	1.000	0.449	0.327
	四川	0.120	0.054	0.101	0.034	0.659	0.187	0.187
	甘肃	0.000	0.103	0.000	0.000	0.314	0.245	0.338
	宁夏	0.227	0.288	0.076	0.130	0.567	0.619	0.156
2012	内蒙古	0.661	0.316	0.127	0.289	0.000	0.261	0.660
	陕西	0.261	0.129	0.139	0.126	0.893	0.141	0.714
	山西	0.184	0.092	0.210	0.268	0.149	0.175	0.546
	河南	0.150	0.000	0.089	0.145	0.162	0.000	0.000
	山东	0.470	0.030	0.205	0.075	0.598	0.210	0.574
	青海	0.235	0.594	0.086	0.642	0.777	0.446	0.444
	四川	0.168	0.088	0.104	0.081	0.790	0.149	0.433
	甘肃	0.040	0.141	0.031	0.022	0.347	0.244	0.616
	宁夏	0.278	0.314	0.114	0.170	0.643	0.712	0.226
2013	内蒙古	0.723	0.357	0.139	0.341	0.159	0.308	0.805
	陕西	0.333	0.160	0.185	0.166	0.966	0.138	0.844
	山西	0.205	0.121	0.223	0.285	0.299	0.170	0.825
	河南	0.193	0.021	0.108	0.187	0.212	0.000	0.376
	山东	0.550	0.059	0.231	0.169	0.680	0.223	0.649

续表

年份	省份	x_{34}	x_{35}	x_{36}	x_{37}	x_{38}	x_{39}	x_{40}
2014	青海	0.279	0.663	0.114	0.710	0.770	0.457	0.367
	四川	0.207	0.113	0.119	0.101	0.751	0.159	0.522
	甘肃	0.070	0.175	0.055	0.064	0.275	0.276	0.752
	宁夏	0.313	0.348	0.137	0.210	0.641	0.850	0.241
	内蒙古	0.773	0.387	0.175	0.306	0.206	0.361	0.821
	陕西	0.393	0.187	0.215	0.211	0.921	0.170	0.922
	山西	0.206	0.128	0.262	0.315	0.188	0.170	0.903
	河南	0.238	0.037	0.131	0.226	0.283	0.011	0.322
	山东	0.613	0.076	0.245	0.184	0.642	0.234	0.684
2015	青海	0.304	0.768	0.210	0.812	0.649	0.494	0.465
	四川	0.233	0.142	0.294	0.133	0.678	0.176	0.598
	甘肃	0.066	0.237	0.150	0.076	0.204	0.293	0.850
	宁夏	0.344	0.417	0.191	0.204	0.725	0.869	0.311
	内蒙古	0.774	0.445	0.230	0.351	0.215	0.385	0.854
	陕西	0.404	0.224	0.309	0.255	0.886	0.167	0.949
	山西	0.204	0.164	0.379	0.345	0.156	0.194	0.993
	河南	0.270	0.064	0.240	0.255	0.324	0.022	0.311
	山东	0.665	0.114	0.366	0.217	0.773	0.255	0.704
2016	青海	0.340	0.766	0.287	0.860	0.780	0.553	0.522
	四川	0.284	0.163	0.429	0.113	0.613	0.202	0.607
	甘肃	0.089	0.265	0.246	0.091	0.221	0.308	0.883
	宁夏	0.397	0.468	0.260	0.228	0.673	0.829	0.350
	内蒙古	0.789	0.485	0.287	0.401	0.336	0.468	0.868
	陕西	0.458	0.222	0.384	0.275	0.938	0.202	0.936
	山西	0.214	0.165	0.398	0.398	0.248	0.244	1.000
	河南	0.325	0.087	0.313	0.292	0.401	0.043	0.253
	山东	0.737	0.129	0.464	0.243	0.925	0.287	0.695
2017	青海	0.348	0.763	0.378	1.000	0.767	0.563	0.532
	四川	0.357	0.192	0.529	0.136	0.776	0.234	0.602
	甘肃	0.103	0.287	0.441	0.148	0.364	0.351	0.894
	宁夏	0.454	0.520	0.433	0.265	0.860	0.871	0.363
	内蒙古	0.659	0.489	0.372	0.419	0.377	0.500	0.867
	陕西	0.556	0.261	0.448	0.329	0.898	0.223	0.906
	山西	0.317	0.199	0.495	0.423	0.282	0.244	0.987
	河南	0.389	0.114	0.408	0.341	0.548	0.064	0.280
	山东	0.801	0.145	0.520	0.300	0.976	0.329	0.671

年份	省份	x_{34}	x_{35}	x_{36}	x_{37}	x_{38}	x_{39}	x_{40}
2018	青海	0.405	0.834	0.526	0.510	0.788	0.585	0.398
	四川	0.424	0.235	0.673	0.169	0.642	0.244	0.535
	甘肃	0.148	0.356	0.620	0.185	0.505	0.372	0.844
	宁夏	0.506	0.539	0.647	0.297	0.660	0.871	0.306
	内蒙古	0.730	0.537	0.523	0.476	0.328	0.542	0.836
	陕西	0.654	0.301	0.549	0.285	0.699	0.266	0.821
	山西	0.368	0.255	0.586	0.470	0.369	0.276	0.906
	河南	0.444	0.150	0.508	0.379	0.580	0.096	0.275
	山东	0.856	0.175	0.595	0.289	0.847	0.404	0.619
2019	青海	0.426	0.963	0.621	0.440	0.737	0.606	0.419
	四川	0.533	0.261	0.730	0.199	0.650	0.276	0.511
	甘肃	0.174	0.384	0.758	0.240	0.654	0.425	0.844
	宁夏	0.508	0.542	0.796	0.303	0.608	0.893	0.262
	内蒙古	0.723	0.580	0.585	0.514	0.470	0.585	0.802
	陕西	0.704	0.338	0.642	0.296	0.805	0.319	0.785
	山西	0.374	0.301	0.691	0.513	0.445	0.319	0.914
	河南	0.542	0.183	0.578	0.402	0.549	0.117	0.285
	山东	0.767	0.197	0.673	0.300	0.946	0.446	0.610
2020	青海	0.455	1.000	0.650	0.445	0.715	0.789	0.444
	四川	0.570	0.297	0.780	0.219	0.529	0.298	0.530
	甘肃	0.221	0.417	0.826	0.222	0.658	0.515	0.863
	宁夏	0.513	0.559	0.882	0.315	0.503	0.929	0.312
	内蒙古	0.789	0.610	0.634	0.478	0.467	0.651	0.845
	陕西	0.698	0.356	0.756	0.329	0.735	0.324	0.735
	山西	0.450	0.344	0.789	0.573	0.415	0.400	0.943
	河南	0.527	0.190	0.661	0.474	0.540	0.180	0.358
	山东	0.791	0.212	0.736	0.305	0.891	0.475	0.623
2021	青海	0.543	0.950	0.772	0.391	0.600	0.821	0.485
	四川	0.667	0.298	0.859	0.229	0.208	0.330	0.582
	甘肃	0.301	0.400	0.931	0.297	0.375	0.579	0.865
	宁夏	0.639	0.528	1.000	0.255	0.388	1.000	0.402
	内蒙古	1.000	0.606	0.717	0.334	0.296	0.695	0.894
	陕西	0.841	0.369	0.890	0.243	0.451	0.362	0.734
	山西	0.675	0.338	0.868	0.330	0.343	0.446	0.941
	河南	0.590	0.170	0.779	0.350	0.275	0.186	0.392
	山东	0.942	0.229	0.846	0.270	0.771	0.531	0.616

附录 2

指标间相关系数矩阵

	x_1	x_2	x_3	x_4	x_5	x_6
x_1	1	0.835	0.753	0.718	0.852	0.459
x_2	0.835	1.000	0.792	0.497	0.641	0.544
x_3	0.753	0.792	1.000	0.660	0.863	0.546
x_4	0.718	0.497	0.660	1.000	0.891	0.241
x_5	0.852	0.641	0.863	0.891	1.000	0.435
x_6	0.459	0.544	0.546	0.241	0.435	1.000
x_7	0.476	0.218	0.486	0.523	0.586	0.274
x_8	0.346	-0.044	0.203	0.452	0.449	0.110
x_9	0.563	0.231	0.486	0.611	0.680	0.306
x_{10}	0.599	0.309	0.558	0.676	0.739	0.350
x_{11}	0.145	0.264	0.297	-0.047	0.125	-0.072
x_{12}	0.237	-0.105	0.108	0.215	0.330	-0.119
x_{13}	-0.530	-0.371	-0.535	-0.625	-0.670	-0.346
x_{14}	0.707	0.536	0.390	0.303	0.513	0.417
x_{15}	-0.234	-0.561	-0.631	-0.174	-0.335	-0.655
x_{16}	-0.416	-0.213	-0.107	-0.010	-0.193	-0.126
x_{17}	-0.194	-0.090	-0.023	-0.039	-0.109	0.173
x_{18}	-0.469	-0.507	-0.472	-0.259	-0.386	-0.209
x_{19}	0.675	0.527	0.493	0.316	0.518	0.088
x_{20}	0.532	0.293	0.332	0.152	0.389	0.039
x_{21}	0.502	0.271	0.386	0.232	0.438	0.140

	x_1	x_2	x_3	x_4	x_5	x_6
x_{22}	0.282	0.288	0.335	0.152	0.272	0.402
x_{23}	0.423	0.233	0.280	0.251	0.326	-0.228
x_{24}	-0.126	-0.573	-0.281	0.033	0.016	-0.365
x_{25}	0.157	-0.293	-0.049	0.267	0.283	-0.177
x_{26}	-0.221	-0.293	-0.148	0.055	-0.120	-0.257
x_{27}	0.382	0.078	0.205	0.215	0.378	-0.088
x_{28}	-0.016	-0.187	-0.235	0.165	-0.039	-0.340
x_{29}	0.752	0.506	0.465	0.420	0.583	0.058
x_{30}	0.505	0.406	0.424	0.294	0.408	-0.230
x_{31}	0.465	0.258	0.376	0.332	0.430	-0.250
x_{32}	0.680	0.599	0.465	0.410	0.563	0.223
x_{33}	-0.098	-0.252	-0.289	-0.083	-0.196	-0.287
x_{34}	0.149	-0.316	-0.092	0.281	0.259	-0.353
x_{35}	-0.695	-0.812	-0.495	-0.270	-0.388	-0.287
x_{36}	0.202	-0.166	0.082	0.253	0.279	0.077
x_{37}	-0.428	-0.486	-0.044	0.002	-0.024	-0.074
x_{38}	-0.022	-0.016	0.128	-0.202	0.004	-0.129
x_{39}	-0.743	-0.886	-0.766	-0.585	-0.680	-0.532
x_{40}	0.295	0.152	0.249	0.475	0.363	0.055

	x_7	x_8	x_9	x_{10}	x_{11}	x_{12}	x_{13}
x_1	0.476	0.346	0.563	0.599	0.145	0.237	-0.530
x_2	0.218	-0.044	0.231	0.309	0.264	-0.105	-0.371
x_3	0.486	0.203	0.486	0.558	0.297	0.108	-0.535
x_4	0.523	0.452	0.611	0.676	-0.047	0.215	-0.625
x_5	0.586	0.449	0.680	0.739	0.125	0.33	-0.670
x_6	0.274	0.110	0.306	0.350	-0.072	-0.119	-0.346
x_7	1.000	0.819	0.800	0.756	-0.218	0.479	-0.369
x_8	0.819	1.000	0.852	0.750	-0.316	0.669	-0.362
x_9	0.800	0.852	1.000	0.969	-0.191	0.558	-0.603
x_{10}	0.756	0.750	0.969	1.000	-0.168	0.453	-0.66
x_{11}	-0.218	-0.316	-0.191	-0.168	1.000	-0.075	0.083
x_{12}	0.479	0.669	0.558	0.453	-0.075	1.000	-0.224
x_{13}	-0.369	-0.362	-0.603	-0.660	0.083	-0.224	1.000

	x_7	x_8	x_9	x_{10}	x_{11}	x_{12}	x_{13}
x_{14}	0.299	0.205	0.342	0.368	-0.184	0.286	-0.339
x_{15}	-0.069	0.299	0.005	-0.081	-0.039	0.339	0.258
x_{16}	-0.144	-0.151	-0.036	0.031	-0.283	-0.288	-0.100
x_{17}	0.032	0.144	0.232	0.258	-0.346	-0.119	-0.199
x_{18}	-0.260	-0.056	-0.169	-0.193	-0.348	-0.092	-0.010
x_{19}	0.312	0.272	0.404	0.445	0.390	0.280	-0.321
x_{20}	0.332	0.390	0.402	0.380	0.398	0.417	-0.192
x_{21}	0.417	0.465	0.509	0.511	0.128	0.367	-0.328
x_{22}	0.260	0.222	0.288	0.334	-0.100	0.040	-0.279
x_{23}	0.209	0.272	0.344	0.321	0.550	0.235	-0.171
x_{24}	0.300	0.609	0.288	0.179	-0.249	0.621	0.026
x_{25}	0.199	0.523	0.479	0.439	0.016	0.481	-0.319
x_{26}	0.331	0.537	0.359	0.297	-0.338	0.246	-0.040
x_{27}	0.261	0.349	0.388	0.316	0.251	0.574	-0.208
x_{28}	-0.007	0.244	0.125	0.060	-0.167	0.213	-0.016
x_{29}	0.419	0.465	0.577	0.553	0.297	0.524	-0.381
x_{30}	0.160	0.079	0.231	0.259	0.610	0.169	-0.136
x_{31}	0.274	0.276	0.345	0.349	0.506	0.297	-0.195
x_{32}	0.154	0.007	0.139	0.162	0.277	0.230	-0.291
x_{33}	0.172	0.403	0.263	0.229	0.002	0.094	0.075
x_{34}	0.290	0.542	0.358	0.298	0.001	0.566	-0.153
x_{35}	0.016	0.207	0.031	-0.015	-0.406	0.156	0.090
x_{36}	0.481	0.806	0.697	0.608	-0.297	0.579	-0.376
x_{37}	0.226	0.274	0.125	0.073	-0.163	0.278	0.002
x_{38}	0.229	0.135	0.241	0.249	0.200	0.264	-0.068
x_{39}	-0.203	0.128	-0.123	-0.209	-0.254	0.136	0.369
x_{40}	0.297	0.329	0.180	0.196	-0.289	0.145	-0.106

	x_{14}	x_{15}	x_{16}	x_{17}	x_{18}
x_1	0.707	-0.234	-0.416	-0.194	-0.469
x_2	0.536	-0.561	-0.213	-0.090	-0.507
x_3	0.390	-0.631	-0.107	-0.023	-0.472
x_4	0.303	-0.174	-0.010	-0.039	-0.259
x_5	0.513	-0.335	-0.193	-0.109	-0.386

	x_{14}	x_{15}	x_{16}	x_{17}	x_{18}
x_6	0.417	-0.655	-0.126	0.173	-0.209
x_7	0.299	-0.069	-0.144	0.032	-0.26
x_8	0.205	0.299	-0.151	0.144	-0.056
x_9	0.342	0.005	-0.036	0.232	-0.169
x_{10}	0.368	-0.081	0.031	0.258	-0.193
x_{11}	-0.184	-0.039	-0.283	-0.346	-0.348
x_{12}	0.286	0.339	-0.288	-0.119	-0.092
x_{13}	-0.339	0.258	-0.100	-0.199	-0.01
x_{14}	1.000	-0.173	-0.420	-0.144	-0.228
x_{15}	-0.173	1.000	-0.291	-0.210	0.166
x_{16}	-0.420	-0.291	1.000	0.714	0.446
x_{17}	-0.144	-0.210	0.714	1.000	0.418
x_{18}	-0.228	0.166	0.446	0.418	1.000
x_{19}	0.577	0.138	-0.438	-0.155	-0.404
x_{20}	0.493	0.316	-0.629	-0.251	-0.381
x_{21}	0.565	0.123	-0.338	0.107	-0.176
x_{22}	0.477	-0.272	0.098	0.446	0.020
x_{23}	0.028	0.377	-0.430	-0.261	-0.392
x_{24}	0.062	0.677	-0.287	-0.108	0.192
x_{25}	0.157	0.535	-0.179	0.094	0.170
x_{26}	-0.320	0.305	0.403	0.543	0.244
x_{27}	0.278	0.256	-0.537	-0.400	-0.285
x_{28}	-0.232	0.419	-0.001	0.008	0.108
x_{29}	0.538	0.193	-0.534	-0.204	-0.465
x_{30}	0.220	0.196	-0.417	-0.317	-0.462
x_{31}	0.225	0.312	-0.414	-0.229	-0.362
x_{32}	0.600	-0.166	-0.606	-0.549	-0.478
x_{33}	-0.311	0.624	-0.066	0.108	0.069
x_{34}	0.228	0.636	-0.359	-0.182	0.020
x_{35}	-0.438	0.210	0.570	0.491	0.589
x_{36}	0.144	0.342	-0.040	0.376	0.200
x_{37}	-0.334	-0.060	0.271	0.116	0.170
x_{38}	0.156	0.015	0.084	0.131	-0.127
x_{39}	-0.475	0.622	0.249	0.303	0.532
x_{40}	0.213	0.073	-0.079	-0.069	-0.151

	x_{19}	x_{20}	x_{21}	x_{22}	x_{23}
x_1	0.675	0.532	0.502	0.282	0.423
x_2	0.527	0.293	0.271	0.288	0.233
x_3	0.493	0.332	0.386	0.335	0.280
x_4	0.316	0.152	0.232	0.152	0.251
x_5	0.518	0.389	0.438	0.272	0.326
x_6	0.088	0.039	0.140	0.402	-0.228
x_7	0.312	0.332	0.417	0.260	0.209
x_8	0.272	0.390	0.465	0.222	0.272
x_9	0.404	0.402	0.509	0.288	0.344
x_{10}	0.445	0.380	0.511	0.334	0.321
x_{11}	0.390	0.398	0.128	-0.100	0.55
x_{12}	0.280	0.417	0.367	0.040	0.235
x_{13}	-0.321	-0.192	-0.328	-0.279	-0.171
x_{14}	0.577	0.493	0.565	0.477	0.028
x_{15}	0.138	0.316	0.123	-0.272	0.377
x_{16}	-0.438	-0.629	-0.338	0.098	-0.430
x_{17}	-0.155	-0.251	0.107	0.446	-0.261
x_{18}	-0.404	-0.381	-0.176	0.020	-0.392
x_{19}	1.000	0.895	0.799	0.450	0.658
x_{20}	0.895	1.000	0.845	0.345	0.735
x_{21}	0.799	0.845	1.000	0.669	0.522
x_{22}	0.450	0.345	0.669	1.000	-0.093
x_{23}	0.658	0.735	0.522	-0.093	1.000
x_{24}	0.121	0.378	0.383	0.041	0.193
x_{25}	0.330	0.492	0.520	0.075	0.432
x_{26}	-0.080	-0.012	0.172	0.145	0.116
x_{27}	0.319	0.530	0.321	-0.338	0.593
x_{28}	-0.226	-0.101	-0.179	-0.547	0.255
x_{29}	0.800	0.827	0.718	0.197	0.752
x_{30}	0.783	0.746	0.565	0.077	0.861
x_{31}	0.777	0.818	0.714	0.184	0.871
x_{32}	0.453	0.448	0.285	-0.018	0.337
x_{33}	0.232	0.324	0.237	-0.027	0.441
x_{34}	0.392	0.580	0.546	0.118	0.437

	x_{19}	x_{20}	x_{21}	x_{22}	x_{23}
x_{35}	−0.524	−0.400	−0.179	0.036	−0.414
x_{36}	0.242	0.396	0.537	0.262	0.290
x_{37}	−0.412	−0.242	−0.152	0.007	−0.271
x_{38}	0.426	0.409	0.402	0.344	0.201
x_{39}	−0.324	−0.111	−0.052	−0.129	−0.081
x_{40}	0.183	0.051	0.173	0.313	−0.108
	x_{24}	x_{25}	x_{26}	x_{27}	x_{28}
x_1	−0.126	0.157	−0.221	0.382	−0.016
x_2	−0.573	−0.293	−0.293	0.078	−0.187
x_3	−0.281	−0.049	−0.148	0.205	−0.235
x_4	0.033	0.267	0.055	0.215	0.165
x_5	0.016	0.283	−0.120	0.378	−0.039
x_6	−0.365	−0.177	−0.257	−0.088	−0.340
x_7	0.300	0.199	0.331	0.261	−0.007
x_8	0.609	0.523	0.537	0.349	0.244
x_9	0.288	0.479	0.359	0.388	0.125
x_{10}	0.179	0.439	0.297	0.316	0.060
x_{11}	−0.249	0.016	−0.338	0.251	−0.167
x_{12}	0.621	0.481	0.246	0.574	0.213
x_{13}	0.026	−0.319	−0.040	−0.208	−0.016
x_{14}	0.062	0.157	−0.320	0.278	−0.232
x_{15}	0.677	0.535	0.305	0.256	0.419
x_{16}	−0.287	−0.179	0.403	−0.537	−0.001
x_{17}	−0.108	0.094	0.543	−0.400	0.008
x_{18}	0.192	0.170	0.244	−0.285	0.108
x_{19}	0.121	0.330	−0.080	0.319	−0.226
x_{20}	0.378	0.492	−0.012	0.530	−0.101
x_{21}	0.383	0.52	0.172	0.321	−0.179
x_{22}	0.041	0.075	0.145	−0.338	−0.547
x_{23}	0.193	0.432	0.116	0.593	0.255
x_{24}	1.000	0.705	0.373	0.371	0.242
x_{25}	0.705	1.000	0.277	0.542	0.352
x_{26}	0.373	0.277	1.000	−0.059	0.376

	x_{24}	x_{25}	x_{26}	x_{27}	x_{28}
x_{27}	0.371	0.542	−0.059	1.000	0.518
x_{28}	0.242	0.352	0.376	0.518	1.000
x_{29}	0.193	0.435	0.029	0.685	0.202
x_{30}	0.049	0.263	−0.074	0.487	0.028
x_{31}	0.290	0.472	0.099	0.526	0.074
x_{32}	−0.094	0.069	−0.492	0.570	0.019
x_{33}	0.299	0.297	0.510	0.000	0.239
x_{34}	0.844	0.791	0.196	0.510	0.202
x_{35}	0.461	0.258	0.480	−0.264	0.007
x_{36}	0.649	0.692	0.603	0.360	0.378
x_{37}	0.397	0.133	0.353	0.030	0.012
x_{38}	0.077	0.068	0.143	−0.011	−0.478
x_{39}	0.550	0.343	0.47	−0.113	0.192
x_{40}	0.309	0.053	0.167	−0.274	−0.113
	x_{29}	x_{30}	x_{31}	x_{32}	x_{33}
x_1	0.752	0.505	0.465	0.680	−0.098
x_2	0.506	0.406	0.258	0.599	−0.252
x_3	0.465	0.424	0.376	0.465	−0.289
x_4	0.420	0.294	0.332	0.410	−0.083
x_5	0.583	0.408	0.430	0.563	−0.196
x_6	0.058	−0.230	−0.250	0.223	−0.287
x_7	0.419	0.160	0.274	0.154	0.172
x_8	0.465	0.079	0.276	0.007	0.403
x_9	0.577	0.231	0.345	0.139	0.263
x_{10}	0.553	0.259	0.349	0.162	0.229
x_{11}	0.297	0.610	0.506	0.277	0.002
x_{12}	0.524	0.169	0.297	0.230	0.094
x_{13}	−0.381	−0.136	−0.195	−0.291	0.075
x_{14}	0.538	0.220	0.225	0.600	−0.311
x_{15}	0.193	0.196	0.312	−0.166	0.624
x_{16}	−0.534	−0.417	−0.414	−0.606	−0.066
x_{17}	−0.204	−0.317	−0.229	−0.549	0.108
x_{18}	−0.465	−0.462	−0.362	−0.478	0.069

	x_{29}	x_{30}	x_{31}	x_{32}	x_{33}
x_{19}	0.800	0.783	0.777	0.453	0.232
x_{20}	0.827	0.746	0.818	0.448	0.324
x_{21}	0.718	0.565	0.714	0.285	0.237
x_{22}	0.197	0.077	0.184	-0.018	-0.027
x_{23}	0.752	0.861	0.871	0.337	0.441
x_{24}	0.193	0.049	0.29	-0.094	0.299
x_{25}	0.435	0.263	0.472	0.069	0.297
x_{26}	0.029	-0.074	0.099	-0.492	0.510
x_{27}	0.685	0.487	0.526	0.570	0.000
x_{28}	0.202	0.028	0.074	0.019	0.239
x_{29}	1.000	0.755	0.778	0.610	0.243
x_{30}	0.755	1.000	0.942	0.471	0.207
x_{31}	0.778	0.942	1.000	0.392	0.306
x_{32}	0.61	0.471	0.392	1.000	-0.333
x_{33}	0.243	0.207	0.306	-0.333	1.000
x_{34}	0.456	0.38	0.592	0.216	0.221
x_{35}	-0.545	-0.555	-0.376	-0.681	0.094
x_{36}	0.422	0.042	0.268	-0.172	0.438
x_{37}	-0.348	-0.329	-0.181	-0.261	-0.162
x_{38}	0.201	0.296	0.331	-0.103	0.173
x_{39}	-0.326	-0.288	-0.139	-0.705	0.489
x_{40}	0.013	-0.024	0.053	-0.078	-0.002

	x_{34}	x_{35}	x_{36}	x_{37}	x_{38}	x_{39}	x_{40}
x_1	0.149	-0.695	0.202	-0.428	-0.022	-0.743	0.295
x_2	-0.316	-0.812	-0.166	-0.486	-0.016	-0.886	0.152
x_3	-0.092	-0.495	0.082	-0.044	0.128	-0.766	0.249
x_4	0.281	-0.270	0.253	0.002	-0.202	-0.585	0.475
x_5	0.259	-0.388	0.279	-0.024	0.004	-0.680	0.363
x_6	-0.353	-0.287	0.077	-0.074	-0.129	-0.532	0.055
x_7	0.290	0.016	0.481	0.226	0.229	-0.203	0.297
x_8	0.542	0.207	0.806	0.274	0.135	0.128	0.329
x_9	0.358	0.031	0.697	0.125	0.241	-0.123	0.180
x_{10}	0.298	-0.015	0.608	0.073	0.249	-0.209	0.196

	x_{34}	x_{35}	x_{36}	x_{37}	x_{38}	x_{39}	x_{40}
x_{11}	0.001	−0.406	−0.297	−0.163	0.200	−0.254	−0.289
x_{12}	0.566	0.156	0.579	0.278	0.264	0.136	0.145
x_{13}	−0.153	0.090	−0.376	0.002	−0.068	0.369	−0.106
x_{14}	0.228	−0.438	0.144	−0.334	0.156	−0.475	0.213
x_{15}	0.636	0.210	0.342	−0.060	0.015	0.622	0.073
x_{16}	−0.359	0.570	−0.040	0.271	0.084	0.249	−0.079
x_{17}	−0.182	0.491	0.376	0.116	0.131	0.303	−0.069
x_{18}	0.020	0.589	0.200	0.170	−0.127	0.532	−0.151
x_{19}	0.392	−0.524	0.242	−0.412	0.426	−0.324	0.183
x_{20}	0.580	−0.400	0.396	−0.242	0.409	−0.111	0.051
x_{21}	0.546	−0.179	0.537	−0.152	0.402	−0.052	0.173
x_{22}	0.118	0.036	0.262	0.007	0.344	−0.129	0.313
x_{23}	0.437	−0.414	0.290	−0.271	0.201	−0.081	−0.108
x_{24}	0.844	0.461	0.649	0.397	0.077	0.550	0.309
x_{25}	0.791	0.258	0.692	0.133	0.068	0.343	0.053
x_{26}	0.196	0.480	0.603	0.353	0.143	0.470	0.167
x_{27}	0.510	−0.264	0.360	0.030	−0.011	−0.113	−0.274
x_{28}	0.202	0.007	0.378	0.012	−0.478	0.192	−0.113
x_{29}	0.456	−0.545	0.422	−0.348	0.201	−0.326	0.013
x_{30}	0.380	−0.555	0.042	−0.329	0.296	−0.288	−0.024
x_{31}	0.592	−0.376	0.268	−0.181	0.331	−0.139	0.053
x_{32}	0.216	−0.681	−0.172	−0.261	−0.103	−0.705	−0.078
x_{33}	0.221	0.094	0.438	−0.162	0.173	0.489	−0.002
x_{34}	1.000	0.212	0.520	0.219	0.129	0.264	0.202
x_{35}	0.212	1.000	0.301	0.637	0.15	0.752	−0.049
x_{36}	0.520	0.301	1.000	0.185	0.072	0.359	0.191
x_{37}	0.219	0.637	0.185	1.000	0.101	0.270	0.047
x_{38}	0.129	0.150	0.072	0.101	1.000	0.171	−0.153
x_{39}	0.264	0.752	0.359	0.270	0.171	1.000	−0.166
x_{40}	0.202	−0.049	0.191	0.047	−0.153	−0.166	1.000

附录 3

各指标的障碍度

单位：%

年份	省份	x_1	x_2	x_3	x_4	x_5	x_6
	青海	4.25	2.36	1.26	1.54	2.19	2.97
	四川	0.29	0.00	0.55	0.71	0.58	3.27
	甘肃	1.57	0.46	1.24	0.74	1.70	1.19
	宁夏	3.16	2.20	3.31	3.50	3.73	3.82
2012	内蒙古	1.79	1.76	2.58	0.23	1.37	4.87
	陕西	0.28	0.19	0.16	1.20	0.52	0.07
	山西	1.24	0.81	0.02	0.77	0.69	2.71
	河南	0.52	0.19	0.23	0.55	0.32	0.64
	山东	0.54	0.64	0.16	0.33	0.37	5.94
	青海	4.26	2.73	1.32	1.46	1.85	2.71
	四川	0.25	0.05	0.52	0.50	0.51	3.27
	甘肃	1.54	0.56	1.27	0.68	1.62	1.69
	宁夏	3.37	2.59	3.65	3.25	3.66	4.07
2013	内蒙古	1.83	2.04	2.66	0.21	1.22	5.01
	陕西	0.24	0.27	0.18	1.10	0.45	0.00
	山西	1.29	0.89	0.03	0.70	0.61	2.22
	河南	0.48	0.24	0.24	0.46	0.31	0.64
	山东	0.51	0.76	0.13	0.28	0.28	5.99

年份	省份	x_1	x_2	x_3	x_4	x_5	x_6
2014	青海	4.39	3.05	1.20	1.37	1.64	3.16
	四川	0.20	0.08	0.50	0.44	0.53	3.21
	甘肃	1.48	0.62	1.31	0.59	1.55	2.03
	宁夏	3.55	2.87	3.71	3.11	3.65	4.32
	内蒙古	2.01	2.43	2.75	0.20	1.28	4.93
	陕西	0.22	0.35	0.19	1.02	0.42	0.09
	山西	1.30	0.91	0.00	0.66	0.54	1.78
	河南	0.40	0.25	0.08	0.40	0.18	0.47
	山东	0.48	0.85	0.11	0.18	0.25	6.21
2015	青海	3.69	2.82	1.28	1.36	1.74	3.19
	四川	0.14	0.06	0.70	0.37	0.53	4.77
	甘肃	1.52	0.65	1.33	0.56	1.45	1.68
	宁夏	3.53	2.98	3.70	3.08	3.40	4.30
	内蒙古	1.97	2.60	2.83	0.19	1.33	4.53
	陕西	0.20	0.35	0.22	1.05	0.42	2.13
	山西	1.30	0.87	0.04	0.65	0.65	1.92
	河南	0.31	0.24	0.15	0.39	0.22	0.47
	山东	0.68	1.25	0.09	0.18	0.21	6.37
2016	青海	3.38	2.94	1.35	1.25	1.68	3.48
	四川	0.11	0.11	0.75	0.34	0.50	3.72
	甘肃	1.47	0.67	1.46	0.51	1.51	1.82
	宁夏	3.66	3.32	3.67	3.27	3.35	4.82
	内蒙古	2.05	2.96	3.23	0.19	1.42	4.74
	陕西	0.26	0.50	0.21	1.02	0.38	1.92
	山西	1.44	0.99	0.07	0.65	0.72	2.06
	河南	0.28	0.29	0.18	0.32	0.22	0.64
	山东	0.73	1.48	0.09	0.17	0.24	6.93
2017	青海	3.41	3.29	1.32	1.10	1.51	3.49
	四川	0.02	0.16	0.80	0.30	0.55	3.86
	甘肃	1.61	0.84	1.46	0.45	1.79	1.91
	宁夏	3.55	3.75	3.77	2.78	3.28	4.87
	内蒙古	2.14	3.39	3.19	0.15	1.40	4.75
	陕西	0.24	0.66	0.24	0.95	0.38	2.20
	山西	1.24	1.19	0.06	0.58	0.78	2.64
	河南	0.23	0.36	0.21	0.29	0.24	0.92
	山东	0.64	1.56	0.05	0.13	0.23	7.16

年份	省份	x_1	x_2	x_3	x_4	x_5	x_6
2018	青海	3.27	3.60	1.34	0.99	1.33	3.47
	四川	0.01	0.31	0.77	0.27	0.53	4.01
	甘肃	1.62	1.03	1.39	0.38	1.60	3.00
	宁夏	3.59	4.19	3.81	2.42	2.97	4.98
	内蒙古	2.34	4.06	3.29	0.12	1.32	4.71
	陕西	0.19	0.79	0.25	0.83	0.34	1.74
	山西	1.26	1.41	0.06	0.55	0.72	2.66
	河南	0.20	0.47	0.22	0.24	0.21	0.91
	山东	0.72	1.83	0.07	0.09	0.21	7.23
2019	青海	3.00	3.59	1.39	1.02	1.17	3.41
	四川	0.00	0.43	0.77	0.24	0.47	4.39
	甘肃	1.53	1.09	1.43	0.37	1.39	3.16
	宁夏	3.63	4.54	4.34	2.62	3.31	3.18
	内蒙古	2.46	4.61	3.35	0.10	1.24	4.84
	陕西	0.37	1.23	0.25	0.79	0.27	0.70
	山西	1.25	1.55	0.09	0.51	0.64	2.33
	河南	0.10	0.46	0.25	0.22	0.17	1.03
	山东	0.70	1.97	0.17	0.06	0.22	7.15
2020	青海	3.13	3.81	1.22	0.99	0.94	3.53
	四川	0.05	0.62	0.68	0.13	0.36	4.61
	甘肃	1.66	1.27	1.48	0.32	1.19	3.28
	宁夏	3.42	4.51	4.56	2.63	2.78	3.22
	内蒙古	2.73	5.13	3.54	0.09	1.13	4.92
	陕西	0.23	1.14	0.23	0.84	0.20	1.08
	山西	1.31	1.73	0.04	0.54	0.44	2.16
	河南	0.10	0.53	0.27	0.23	0.11	0.92
	山东	0.95	2.56	0.15	0.06	0.17	7.91
2021	青海	3.34	4.61	1.26	0.80	0.89	3.56
	四川	0.09	0.86	0.74	0.15	0.36	4.10
	甘肃	1.62	1.53	1.56	0.27	1.00	3.25
	宁夏	3.44	5.35	4.57	2.36	2.58	3.22
	内蒙古	2.27	5.36	3.57	0.06	1.00	4.87
	陕西	0.44	1.91	0.27	0.75	0.15	0.44
	山西	1.02	2.06	0.04	0.41	0.36	1.99
	河南	0.11	0.69	0.18	0.27	0.04	1.38
	山东	0.91	3.22	0.04	0.00	0.00	8.95

年份	省份	x_7	x_8	x_9	x_{10}	x_{11}	x_{12}
2012	青海	2.12	2.70	1.77	1.22	2.14	0.65
	四川	1.93	2.92	0.73	0.40	3.13	0.83
	甘肃	2.21	3.15	1.82	1.27	2.18	3.42
	宁夏	2.93	2.98	2.89	2.85	1.22	1.51
	内蒙古	2.78	2.19	2.43	2.16	2.81	0.55
	陕西	1.34	2.14	1.22	0.96	2.16	0.81
	山西	1.28	2.12	2.04	1.67	1.44	1.23
	河南	1.59	2.33	0.82	0.86	1.13	0.88
	山东	1.86	2.22	0.96	0.74	0.19	0.16
2013	青海	1.87	2.38	1.60	1.13	2.17	1.33
	四川	1.69	2.58	0.63	0.33	3.46	0.36
	甘肃	1.97	2.76	1.65	1.08	2.13	3.48
	宁夏	2.77	2.84	2.70	2.66	1.10	0.41
	内蒙古	2.56	2.01	2.26	1.98	2.64	0.42
	陕西	1.19	1.91	1.09	0.82	2.12	0.26
	山西	1.23	2.05	1.96	1.54	1.75	0.77
	河南	1.43	2.09	0.75	0.76	1.12	0.66
	山东	1.62	1.93	0.83	0.63	0.11	0.04
2014	青海	1.83	2.31	1.52	1.11	2.18	0.86
	四川	1.59	2.43	0.59	0.28	3.48	0.35
	甘肃	1.87	2.59	1.63	0.98	2.56	2.37
	宁夏	2.76	2.78	2.63	2.47	0.86	0.40
	内蒙古	2.44	1.88	2.12	1.74	2.30	0.26
	陕西	1.09	1.77	1.01	0.71	2.26	0.33
	山西	1.20	2.03	1.93	1.44	1.79	0.52
	河南	1.31	1.91	0.68	0.64	1.12	0.49
	山东	1.52	1.81	0.78	0.58	0.00	0.00
2015	青海	1.72	2.24	1.42	0.90	2.70	0.83
	四川	1.49	2.28	0.51	0.22	3.44	0.24
	甘肃	1.87	2.59	1.66	0.92	2.48	2.34
	宁夏	2.54	2.61	2.41	2.15	1.76	0.60
	内蒙古	2.25	1.66	1.86	1.46	2.95	0.15
	陕西	1.07	1.72	0.97	0.62	2.20	0.16
	山西	1.16	2.00	1.90	1.32	2.45	0.19
	河南	1.22	1.76	0.63	0.52	1.13	0.29
	山东	1.40	1.67	0.71	0.46	0.26	0.00

续表

年份	省份	x_7	x_8	x_9	x_{10}	x_{11}	x_{12}
2016	青海	0.37	0.81	0.50	0.65	2.34	0.27
	四川	0.30	0.49	0.20	0.23	4.10	0.11
	甘肃	0.33	0.40	0.46	0.57	3.17	1.96
	宁夏	1.20	0.94	1.37	1.24	2.85	0.11
	内蒙古	0.16	0.18	0.88	0.82	4.06	0.08
	陕西	0.13	0.22	0.31	0.32	2.50	0.13
	山西	0.31	0.51	0.87	1.10	3.40	0.39
	河南	0.18	0.26	0.19	0.28	2.37	0.10
	山东	0.13	0.21	0.33	0.47	0.97	0.00
2017	青海	0.19	0.48	0.42	0.57	2.36	0.38
	四川	0.25	0.41	0.12	0.16	4.62	0.13
	甘肃	0.26	0.33	0.37	0.49	3.55	0.12
	宁夏	0.88	0.59	0.91	0.91	3.52	0.06
	内蒙古	0.06	0.07	0.53	0.64	4.52	0.04
	陕西	0.09	0.19	0.20	0.24	4.55	0.09
	山西	0.18	0.35	0.49	0.75	3.78	0.38
	河南	0.13	0.21	0.05	0.19	2.66	0.03
	山东	0.09	0.16	0.17	0.35	1.33	0.00
2018	青海	0.18	0.55	0.34	0.46	2.49	0.29
	四川	0.22	0.40	0.10	0.12	4.58	0.07
	甘肃	0.20	0.26	0.32	0.43	3.93	0.02
	宁夏	0.86	0.44	0.74	0.77	3.63	0.05
	内蒙古	0.03	0.03	0.47	0.55	4.61	0.02
	陕西	0.05	0.15	0.14	0.19	5.02	0.09
	山西	0.15	0.29	0.37	0.65	4.10	0.01
	河南	0.09	0.16	0.04	0.15	2.78	0.02
	山东	0.06	0.14	0.13	0.31	1.54	0.00
2019	青海	0.14	0.42	0.31	0.40	2.72	0.28
	四川	0.21	0.39	0.09	0.11	4.97	0.02
	甘肃	0.15	0.22	0.28	0.40	4.01	0.00
	宁夏	0.84	0.37	0.71	0.69	3.69	0.01
	内蒙古	0.00	0.00	0.43	0.56	4.60	0.01
	陕西	0.02	0.12	0.13	0.17	5.28	0.03
	山西	0.13	0.26	0.29	0.57	4.16	0.00
	河南	0.06	0.12	0.02	0.11	3.65	0.03
	山东	0.03	0.10	0.09	0.26	1.63	0.01

年份	省份	x_7	x_8	x_9	x_{10}	x_{11}	x_{12}
2020	青海	1.08	0.91	0.28	0.36	3.60	0.06
	四川	1.44	1.18	0.08	0.05	5.74	0.00
	甘肃	2.83	0.31	0.21	0.34	3.24	0.00
	宁夏	2.26	0.38	0.40	0.51	3.43	0.00
	内蒙古	1.58	0.34	0.34	0.43	4.15	0.01
	陕西	0.94	0.63	0.08	0.11	4.37	0.01
	山西	1.43	0.43	0.20	0.56	4.04	0.00
	河南	1.23	0.46	0.01	0.09	1.83	0.01
	山东	1.14	0.45	0.06	0.06	1.81	0.00
2021	青海	0.89	0.85	0.26	0.28	3.00	0.05
	四川	1.31	0.80	0.05	0.00	5.18	0.00
	甘肃	2.89	0.24	0.18	0.27	3.67	0.00
	宁夏	2.28	0.21	0.30	0.45	3.68	0.00
	内蒙古	1.47	0.33	0.23	0.31	4.37	0.01
	陕西	0.90	0.62	0.06	0.02	4.92	0.00
	山西	1.08	0.25	0.13	0.27	4.06	0.00
	河南	1.25	0.40	0.00	0.05	1.56	0.00
	山东	1.14	0.35	0.04	0.05	1.97	0.00

年份	省份	x_{14}	x_{15}	x_{16}	x_{17}	x_{18}
2012	青海	5.03	4.35	0.93	1.25	0.54
	四川	1.64	4.69	3.98	2.96	1.06
	甘肃	4.02	4.36	2.39	1.87	1.24
	宁夏	3.60	1.78	4.80	3.14	0.27
	内蒙古	3.44	2.23	5.05	4.68	0.00
	陕西	0.73	4.32	7.18	5.08	0.80
	山西	3.69	4.13	5.95	4.79	0.41
	河南	3.15	4.94	6.84	5.10	0.51
	山东	5.06	2.48	7.96	6.65	0.53
2013	青海	5.03	4.41	0.95	1.21	2.14
	四川	1.63	4.55	4.35	3.15	4.06
	甘肃	4.41	3.62	2.48	1.80	2.53
	宁夏	3.75	1.25	5.12	3.27	1.46
	内蒙古	3.55	1.73	5.23	4.72	2.36
	陕西	0.77	4.45	7.56	5.07	3.84
	山西	3.78	4.07	6.17	5.14	3.22
	河南	3.42	4.89	6.97	5.33	3.83
	山东	5.12	2.27	8.02	6.09	6.05

年份	省份	x_{14}	x_{15}	x_{16}	x_{17}	x_{18}
2014	青海	5.23	4.14	0.98	1.41	1.46
	四川	1.66	4.74	4.55	3.78	2.68
	甘肃	4.63	3.38	2.92	1.54	1.72
	宁夏	4.00	1.19	5.49	3.22	1.47
	内蒙古	3.55	0.98	5.65	4.54	1.96
	陕西	0.54	4.29	7.89	5.57	3.70
	山西	3.90	4.15	6.37	5.11	2.69
	河南	3.29	4.94	7.27	5.67	3.97
	山东	5.40	2.23	8.41	6.51	5.71
2015	青海	5.41	4.42	1.02	1.61	0.92
	四川	1.64	4.46	4.60	4.37	2.81
	甘肃	4.69	3.71	3.01	1.58	1.69
	宁夏	4.16	1.12	5.52	2.93	1.42
	内蒙古	3.54	0.77	5.61	5.54	1.30
	陕西	0.57	4.47	8.31	5.29	2.16
	山西	4.05	4.18	6.62	5.71	2.18
	河南	3.37	5.00	7.51	5.99	4.08
	山东	5.57	2.15	8.92	6.82	5.47
2016	青海	5.94	4.72	1.12	1.93	1.49
	四川	1.61	4.52	4.98	4.47	2.96
	甘肃	5.27	3.31	3.50	0.47	2.05
	宁夏	4.58	1.18	6.20	3.05	1.73
	内蒙古	3.90	0.61	6.19	5.50	1.30
	陕西	0.59	4.83	8.70	5.83	3.62
	山西	3.93	4.33	7.05	5.64	2.29
	河南	3.52	5.22	8.05	5.55	3.91
	山东	6.14	2.01	9.83	7.32	4.85
2017	青海	6.10	4.66	1.15	1.66	1.05
	四川	1.51	4.80	5.33	4.30	2.64
	甘肃	5.49	3.00	3.66	0.66	2.35
	宁夏	4.58	0.82	6.35	3.11	2.12
	内蒙古	3.91	0.66	6.20	5.45	1.85
	陕西	0.61	4.79	8.98	4.59	4.01
	山西	3.94	4.28	7.07	4.79	3.40
	河南	3.62	4.64	8.39	5.03	3.91
	山东	6.25	2.15	10.28	8.77	4.69

年份	省份	x_{14}	x_{15}	x_{16}	x_{17}	x_{18}
2018	青海	5.98	4.55	1.15	1.43	1.30
	四川	1.48	4.89	5.77	2.92	2.45
	甘肃	5.50	3.60	3.72	0.49	2.75
	宁夏	4.58	0.30	6.47	4.57	1.84
	内蒙古	3.73	1.21	6.19	5.81	1.51
	陕西	0.64	5.55	9.42	2.91	4.03
	山西	4.10	4.31	7.35	4.76	3.66
	河南	3.69	4.46	8.75	4.87	4.02
	山东	6.33	2.35	10.57	8.54	4.62
2019	青海	6.22	4.50	1.20	0.38	0.02
	四川	1.44	4.62	6.26	1.39	1.66
	甘肃	5.85	3.51	3.96	0.00	1.11
	宁夏	4.82	0.00	6.94	4.32	0.47
	内蒙古	3.81	1.14	6.32	4.98	1.13
	陕西	0.70	6.12	10.22	2.57	3.33
	山西	3.82	4.23	7.51	4.98	3.11
	河南	3.76	4.15	9.13	4.09	3.98
	山东	6.25	2.40	11.23	7.82	4.79
2020	青海	6.34	4.34	1.23	0.00	0.23
	四川	1.49	4.81	1.62	0.18	2.06
	甘肃	6.02	3.14	3.23	0.18	0.80
	宁夏	4.98	0.02	7.29	4.08	1.00
	内蒙古	3.76	0.60	6.48	4.79	1.13
	陕西	0.78	5.98	11.41	1.67	2.98
	山西	3.96	3.99	7.92	3.58	2.76
	河南	4.34	4.18	10.32	3.25	3.13
	山东	6.92	2.57	11.78	7.31	4.00
2021	青海	6.45	4.23	1.25	0.12	0.37
	四川	1.42	5.20	6.99	0.85	1.44
	甘肃	6.30	3.44	0.00	0.53	1.20
	宁夏	5.04	0.30	7.64	2.44	0.89
	内蒙古	3.86	0.56	6.64	4.12	0.63
	陕西	0.00	6.32	12.21	1.61	2.68
	山西	3.93	3.95	8.01	3.42	2.77
	河南	4.52	3.92	10.73	3.04	3.05
	山东	7.19	2.72	14.26	5.00	4.36

年份	省份	x_{19}	x_{20}	x_{21}	x_{22}	x_{23}
2012	青海	3.01	3.24	3.74	4.00	3.63
	四川	2.43	3.37	3.98	5.30	3.42
	甘肃	2.54	3.08	3.56	3.86	2.62
	宁夏	2.59	2.15	3.18	4.02	2.46
	内蒙古	2.96	3.13	3.85	4.34	3.25
	陕西	1.39	2.08	3.36	3.92	3.79
	山西	2.69	2.69	3.70	4.80	3.31
	河南	2.89	2.94	3.87	5.06	3.21
	山东	0.87	1.89	4.31	6.25	1.56
2013	青海	3.10	3.33	3.76	3.82	3.62
	四川	2.38	3.18	4.01	5.29	3.38
	甘肃	2.63	3.15	3.63	3.78	2.72
	宁夏	2.70	2.25	3.33	4.33	2.29
	内蒙古	2.96	2.98	3.98	4.92	3.35
	陕西	1.22	1.79	3.51	3.39	3.96
	山西	2.48	2.72	3.77	4.80	3.30
	河南	2.86	2.68	3.95	5.17	2.65
	山东	0.65	1.56	4.15	6.28	1.41
2014	青海	3.27	3.39	3.87	3.97	3.80
	四川	2.40	3.03	4.03	5.45	3.48
	甘肃	2.65	3.16	3.80	3.91	2.75
	宁夏	2.80	2.15	3.49	4.61	2.87
	内蒙古	3.12	3.01	4.18	5.27	3.59
	陕西	1.37	1.67	3.42	3.29	4.11
	山西	2.62	2.79	3.82	4.98	3.44
	河南	2.92	2.62	4.08	5.39	2.73
	山东	0.49	1.34	4.14	6.52	1.55
2015	青海	3.74	3.73	3.85	3.63	3.84
	四川	2.23	3.06	3.55	5.32	3.45
	甘肃	2.59	3.26	3.73	3.88	2.91
	宁夏	2.77	2.19	3.23	4.62	2.49
	内蒙古	3.03	2.98	4.01	5.25	3.49
	陕西	1.25	2.00	2.92	3.17	4.33
	山西	2.97	3.11	3.69	5.15	3.48
	河南	2.99	2.60	3.98	5.57	2.70
	山东	0.47	1.18	3.31	6.66	1.75

年份	省份	x_{19}	x_{20}	x_{21}	x_{22}	x_{23}
2016	青海	4.02	3.98	4.10	3.85	4.13
	四川	2.32	3.07	3.62	5.74	3.64
	甘肃	2.86	3.64	4.08	4.14	3.79
	宁夏	2.96	2.39	3.44	5.19	3.22
	内蒙古	3.30	3.06	4.38	5.81	3.76
	陕西	1.29	1.77	2.82	3.16	4.40
	山西	3.18	3.24	3.93	5.54	3.43
	河南	3.09	2.67	4.09	5.95	2.88
	山东	0.30	0.86	3.25	7.22	1.58
2017	青海	3.92	3.70	4.27	3.78	3.85
	四川	2.49	2.88	3.68	5.95	3.66
	甘肃	3.09	3.74	4.24	4.28	3.86
	宁夏	2.78	2.35	3.37	5.26	2.97
	内蒙古	3.66	3.31	4.40	5.79	3.49
	陕西	1.47	1.57	2.45	3.19	4.34
	山西	3.36	2.93	3.95	5.33	3.36
	河南	3.08	2.57	4.12	6.18	2.86
	山东	0.00	0.51	3.49	7.41	1.31
2018	青海	4.13	4.05	4.18	3.69	3.83
	四川	2.61	2.94	3.93	5.26	4.15
	甘肃	3.11	3.85	4.28	4.29	4.10
	宁夏	2.68	1.99	3.31	5.26	2.57
	内蒙古	3.82	3.62	4.38	5.78	3.66
	陕西	1.35	1.98	2.55	2.96	4.46
	山西	3.34	3.09	4.15	5.32	3.27
	河南	3.10	2.77	4.23	6.32	2.87
	山东	0.88	0.30	3.38	7.17	2.20
2019	青海	4.15	3.89	4.36	5.84	4.03
	四川	2.40	2.94	4.20	5.41	4.31
	甘肃	3.18	3.75	4.63	4.55	3.80
	宁夏	2.58	1.93	3.82	5.61	3.00
	内蒙古	3.78	3.71	4.45	5.89	3.71
	陕西	1.35	1.17	2.38	2.21	4.55
	山西	3.36	3.01	4.23	5.68	3.38
	河南	2.94	2.30	4.61	6.47	3.34
	山东	1.85	1.23	3.34	6.79	2.74

年份	省份	x_{19}	x_{20}	x_{21}	x_{22}	x_{23}
2020	青海	4.24	4.06	4.38	5.94	3.57
	四川	1.79	2.85	4.15	6.00	4.40
	甘肃	3.37	3.99	4.59	4.40	3.83
	宁夏	2.58	2.00	3.83	5.88	3.13
	内蒙古	3.74	3.41	4.43	5.98	3.73
	陕西	1.08	1.26	1.60	1.30	4.99
	山西	3.40	2.76	4.19	6.31	3.36
	河南	2.92	2.44	4.88	7.10	3.39
	山东	1.49	0.00	2.53	6.28	1.94
2021	青海	4.12	4.13	4.19	5.99	4.05
	四川	1.51	2.46	2.95	5.88	4.13
	甘肃	3.42	4.03	4.34	4.47	3.92
	宁夏	2.63	1.75	3.28	6.06	3.46
	内蒙古	3.84	3.70	4.27	6.14	3.89
	陕西	1.35	0.88	0.00	0.00	4.94
	山西	3.61	2.71	3.86	6.09	3.66
	河南	2.80	2.21	4.33	7.03	3.37
	山东	1.56	0.54	0.79	6.69	0.00

年份	省份	x_{24}	x_{25}	x_{26}	x_{27}	x_{28}
2012	青海	2.32	4.32	1.41	2.74	1.87
	四川	3.35	4.70	3.59	1.67	1.47
	甘肃	3.28	4.60	2.40	3.53	1.61
	宁夏	1.67	3.71	1.81	1.55	0.88
	内蒙古	1.17	3.30	2.60	2.10	1.04
	陕西	2.49	4.69	4.30	3.08	4.10
	山西	2.01	4.60	4.01	1.84	0.76
	河南	3.23	4.50	4.19	0.96	1.56
	山东	2.53	4.62	3.85	1.49	1.86
2013	青海	2.16	4.10	1.36	2.44	1.56
	四川	3.17	4.63	3.40	1.51	1.12
	甘肃	3.18	4.59	2.11	3.41	1.53
	宁夏	1.61	3.80	1.77	1.53	0.82
	内蒙古	1.03	3.11	2.53	1.98	0.89
	陕西	2.35	4.64	4.27	3.02	3.60
	山西	1.86	4.50	3.56	1.72	0.90
	河南	3.09	4.41	3.92	0.80	1.43
	山东	2.33	4.17	3.40	1.30	1.85

年份	省份	x_{24}	x_{25}	x_{26}	x_{27}	x_{28}
2014	青海	2.06	4.16	1.14	2.32	1.70
	四川	3.10	4.67	3.15	1.41	1.07
	甘肃	3.13	4.71	1.92	3.38	1.41
	宁夏	1.50	3.97	1.74	1.51	0.82
	内蒙古	0.93	3.15	2.38	1.92	0.87
	陕西	2.25	4.68	4.17	2.92	3.57
	山西	1.75	4.56	3.06	1.60	0.85
	河南	3.03	4.57	3.72	0.70	1.15
	山东	2.24	3.99	3.13	1.18	1.65
2015	青海	2.04	4.35	0.72	2.49	1.70
	四川	2.88	4.44	2.70	1.32	0.96
	甘肃	2.98	4.73	0.98	3.36	1.30
	宁夏	1.27	3.83	1.50	1.50	1.02
	内蒙古	0.78	3.12	1.87	1.91	0.80
	陕西	2.10	4.88	3.39	2.97	3.30
	山西	1.61	4.61	1.22	1.66	0.96
	河南	2.87	4.64	3.40	0.67	1.09
	山东	1.93	3.72	2.66	1.15	1.62
2016	青海	1.99	4.66	0.79	2.72	1.97
	四川	2.83	4.46	2.03	1.33	0.90
	甘肃	3.04	5.13	0.63	3.77	1.28
	宁夏	1.20	4.24	1.37	1.67	1.18
	内蒙古	0.68	3.49	1.85	2.10	0.73
	陕西	1.92	4.93	3.07	3.06	3.82
	山西	1.52	4.78	0.96	1.71	0.99
	河南	2.82	4.93	3.14	0.64	1.02
	山东	1.72	3.96	2.26	1.26	1.76
2017	青海	1.77	4.61	1.06	2.78	1.95
	四川	2.71	4.58	1.38	1.35	0.72
	甘肃	2.87	5.54	0.27	3.90	1.18
	宁夏	0.94	4.15	1.55	1.68	1.03
	内蒙古	0.51	3.47	1.38	2.09	0.63
	陕西	1.70	4.99	3.04	3.07	3.82
	山西	1.34	4.86	1.43	1.68	1.14
	河南	2.67	5.13	2.93	0.65	1.06
	山东	1.47	3.96	1.90	1.30	1.76

续表

年份	省份	x_{24}	x_{25}	x_{26}	x_{27}	x_{28}
2018	青海	1.53	4.25	1.14	2.65	1.79
	四川	2.63	4.71	0.89	1.39	0.55
	甘肃	2.65	5.42	0.15	3.81	1.17
	宁夏	0.80	3.90	1.26	1.65	1.15
	内蒙古	0.38	3.16	1.28	1.91	0.61
	陕西	1.51	5.03	2.96	3.11	3.84
	山西	1.21	4.89	1.03	1.57	1.13
	河南	2.51	5.12	2.17	0.61	0.90
	山东	1.37	3.54	1.36	1.31	1.71
2019	青海	1.37	3.94	1.17	2.48	1.93
	四川	2.49	4.54	0.86	1.40	0.48
	甘肃	2.67	5.47	0.02	3.91	1.17
	宁夏	0.65	4.10	1.21	1.62	0.97
	内蒙古	0.25	2.82	1.31	1.64	0.42
	陕西	1.33	5.08	2.84	3.21	4.04
	山西	1.02	4.63	1.03	1.41	1.19
	河南	2.33	4.93	1.90	0.47	0.65
	山东	1.29	2.92	0.81	1.11	1.62
2020	青海	1.21	1.78	1.11	2.34	1.88
	四川	2.45	3.87	1.00	1.26	0.13
	甘肃	2.51	4.91	0.00	3.74	0.87
	宁夏	0.48	0.72	1.24	1.40	0.81
	内蒙古	0.11	1.21	1.85	1.16	0.26
	陕西	1.19	3.38	2.60	3.21	3.71
	山西	0.89	4.01	1.32	1.26	0.79
	河南	2.38	1.23	2.10	0.16	0.15
	山东	1.16	2.34	0.61	1.00	1.74
2021	青海	1.09	1.39	1.45	2.06	1.50
	四川	2.18	3.52	0.94	1.05	0.00
	甘肃	2.44	4.54	0.65	3.56	0.60
	宁夏	0.34	0.00	2.15	1.23	0.48
	内蒙古	0.00	0.27	3.08	0.95	0.21
	陕西	1.05	2.83	3.80	3.05	3.51
	山西	0.76	3.42	2.88	1.07	0.68
	河南	2.28	0.43	2.02	0.00	0.02
	山东	1.10	0.92	1.03	0.79	1.59

年份	省份	x_{29}	x_{30}	x_{31}	x_{32}	x_{33}
2012	青海	3.63	3.25	4.31	2.43	3.78
	四川	2.05	2.51	4.48	0.03	4.20
	甘肃	3.21	2.61	4.08	2.88	2.29
	宁夏	2.51	2.63	3.59	1.90	3.15
	内蒙古	2.19	3.18	4.24	0.37	3.64
	陕西	2.97	3.60	4.86	2.19	4.07
	山西	2.62	3.02	4.27	1.70	3.71
	河南	1.87	2.78	4.29	0.22	3.98
	山东	1.32	0.00	2.75	1.68	4.11
2013	青海	3.40	3.22	4.28	3.07	3.68
	四川	1.70	2.60	4.47	0.49	4.23
	甘肃	3.14	2.65	4.14	3.01	2.31
	宁夏	2.44	2.61	3.70	2.58	3.29
	内蒙古	2.37	3.32	4.36	0.23	3.67
	陕西	2.53	3.63	4.96	2.11	4.30
	山西	2.49	3.09	4.35	1.67	3.69
	河南	1.64	2.78	4.30	0.23	4.03
	山东	1.11	0.16	2.56	1.66	3.93
2014	青海	3.69	3.28	4.40	3.42	3.83
	四川	1.60	2.75	4.61	0.84	4.36
	甘肃	3.12	3.07	4.43	3.12	2.54
	宁夏	2.38	2.30	3.68	3.00	3.19
	内蒙古	2.62	3.34	4.42	0.97	3.66
	陕西	2.33	3.55	4.95	2.14	4.43
	山西	2.55	3.18	4.48	1.51	3.77
	河南	1.47	2.92	4.43	0.22	4.16
	山东	1.00	0.39	2.61	1.75	3.94
2015	青海	3.62	3.38	4.53	3.55	3.80
	四川	1.42	3.36	4.94	1.04	4.29
	甘肃	2.94	3.22	4.58	3.21	2.60
	宁夏	2.26	2.76	3.92	2.89	1.98
	内蒙古	2.81	3.48	4.48	1.65	4.26
	陕西	2.29	3.61	5.10	2.03	4.59
	山西	2.47	3.36	4.69	1.55	3.78
	河南	1.47	2.91	4.47	0.15	4.17
	山东	0.84	1.38	3.19	1.81	3.57

年份	省份	x_{29}	x_{30}	x_{31}	x_{32}	x_{33}
2016	青海	3.61	3.90	5.04	4.08	4.11
	四川	1.84	3.70	5.30	1.85	4.46
	甘肃	2.99	3.69	5.09	4.03	2.37
	宁夏	2.23	3.26	4.46	3.03	1.14
	内蒙古	3.10	3.89	4.95	1.37	3.33
	陕西	2.12	3.81	5.30	1.88	4.62
	山西	2.91	3.39	4.89	1.36	3.65
	河南	1.68	3.21	4.78	0.00	4.01
	山东	1.37	1.65	3.43	1.86	2.69
2017	青海	3.43	4.34	5.36	4.18	3.73
	四川	1.65	3.59	5.27	2.25	4.62
	甘肃	2.43	4.11	5.40	4.31	2.22
	宁夏	1.97	2.99	4.25	3.03	1.96
	内蒙古	2.99	3.81	4.82	2.11	3.30
	陕西	1.84	3.58	5.04	1.74	4.72
	山西	2.40	3.55	4.87	2.36	3.99
	河南	1.60	3.36	4.88	0.34	4.16
	山东	1.17	1.41	3.01	1.92	2.44
2018	青海	3.38	4.37	5.38	4.26	3.85
	四川	1.44	3.61	5.31	2.14	4.96
	甘肃	2.24	4.07	5.36	4.32	1.98
	宁夏	1.92	3.47	4.57	3.44	1.76
	内蒙古	2.86	3.79	4.73	2.31	3.19
	陕西	1.77	3.43	4.80	1.75	4.93
	山西	2.32	3.62	4.95	2.08	4.10
	河南	1.53	3.58	5.01	0.74	4.12
	山东	0.99	1.30	2.68	1.70	2.22
2019	青海	3.88	4.61	5.63	4.20	3.97
	四川	1.51	3.79	5.51	2.00	5.12
	甘肃	2.84	4.40	5.72	4.56	2.06
	宁夏	2.63	3.81	4.94	3.61	0.00
	内蒙古	3.16	3.87	4.78	3.09	3.27
	陕西	2.13	3.90	5.22	1.53	5.25
	山西	2.66	3.71	5.01	3.02	4.25
	河南	1.60	3.79	5.19	0.71	4.16
	山东	0.66	1.30	2.38	3.02	1.67

年份	省份	x_{29}	x_{30}	x_{31}	x_{32}	x_{33}
2020	青海	3.77	4.78	5.81	4.46	3.98
	四川	1.36	3.77	5.60	3.19	5.68
	甘肃	2.74	4.55	5.88	4.68	1.93
	宁夏	2.48	4.46	5.53	3.77	0.78
	内蒙古	3.08	4.01	4.93	3.33	3.38
	陕西	1.98	4.21	5.65	1.34	5.91
	山西	2.64	3.91	5.25	3.10	4.68
	河南	1.61	4.06	5.65	0.57	4.73
	山东	0.37	1.23	2.21	2.79	1.58
2021	青海	3.61	4.84	5.88	4.62	4.45
	四川	1.02	3.50	5.01	3.25	5.71
	甘肃	2.67	4.67	6.05	4.90	2.74
	宁夏	2.27	4.45	5.54	4.12	1.89
	内蒙古	2.98	4.12	4.89	4.44	3.67
	陕西	1.67	4.18	5.26	1.46	6.65
	山西	2.50	3.76	4.85	3.70	4.85
	河南	1.44	3.90	5.45	1.05	5.05
	山东	0.00	0.20	0.00	3.19	3.85

年份	省份	x_{34}	x_{35}	x_{36}	x_{37}	x_{38}	x_{39}	x_{40}
2012	青海	2.29	1.44	2.70	1.18	0.00	1.50	1.67
	四川	2.89	3.57	3.06	3.04	0.94	2.61	2.38
	甘肃	2.72	2.80	2.82	2.60	1.56	2.01	1.60
	宁夏	1.85	1.95	2.29	1.99	0.86	0.89	1.79
	内蒙古	0.99	2.28	2.63	1.98	2.43	2.10	0.88
	陕西	2.42	3.27	2.92	2.74	0.29	2.75	0.83
	山西	2.37	3.02	2.38	2.03	2.06	2.34	1.17
	河南	2.55	3.44	2.84	2.46	2.10	2.94	2.67
	山东	2.02	4.23	3.14	3.36	1.28	2.94	1.44
2013	青海	2.13	1.29	2.64	0.95	0.52	1.51	1.38
	四川	2.77	3.48	3.09	2.92	0.58	2.77	1.68
	甘肃	2.69	2.76	2.81	2.62	1.53	2.07	0.96
	宁夏	1.84	2.00	2.34	2.02	0.76	0.72	1.75
	内蒙古	0.83	2.21	2.68	1.89	2.11	2.03	0.52
	陕西	2.30	3.32	2.91	2.75	0.10	2.91	0.48
	山西	2.36	2.99	2.39	2.03	1.74	2.41	0.46
	河南	2.48	3.44	2.83	2.38	2.02	3.00	1.70
	山东	1.73	4.16	3.07	3.06	1.03	2.92	1.20

年份	省份	x_{34}	x_{35}	x_{36}	x_{37}	x_{38}	x_{39}	x_{40}
2014	青海	2.09	1.12	2.66	0.80	0.56	1.54	1.63
	四川	2.76	3.54	3.18	2.99	0.72	2.86	1.48
	甘肃	2.74	2.78	2.88	2.63	1.78	2.08	0.65
	宁夏	1.88	2.05	2.44	2.06	0.82	0.40	1.84
	内蒙古	0.71	2.19	2.67	2.07	2.07	1.95	0.50
	陕西	2.19	3.36	2.93	2.72	0.24	2.92	0.25
	山西	2.43	3.06	2.34	2.00	2.08	2.48	0.26
	河南	2.44	3.53	2.88	2.36	1.91	3.09	1.92
	山东	1.57	4.30	3.18	3.16	1.22	3.04	1.14
2015	青海	2.10	0.80	2.46	0.54	0.88	1.49	1.43
	四川	2.70	3.47	2.58	2.92	0.95	2.84	1.26
	甘肃	2.83	2.65	2.67	2.68	2.01	2.09	0.40
	宁夏	1.80	1.84	2.30	2.09	0.63	0.35	1.68
	内蒙古	0.70	1.98	2.48	1.93	2.04	1.87	0.41
	陕西	2.26	3.38	2.72	2.70	0.36	3.09	0.17
	山西	2.53	3.05	2.05	1.99	2.24	2.51	0.02
	河南	2.41	3.54	2.60	2.35	1.87	3.15	2.02
	山东	1.40	4.25	2.75	3.13	0.79	3.05	1.10
2016	青海	2.18	0.89	2.44	0.44	0.61	1.45	1.40
	四川	2.71	3.63	2.24	3.21	1.22	2.95	1.32
	甘肃	3.05	2.82	2.61	2.91	2.18	2.26	0.35
	宁夏	1.86	1.88	2.37	2.28	0.84	0.52	1.78
	内蒙古	0.72	2.02	2.53	1.96	1.90	1.78	0.40
	陕西	2.15	3.54	2.54	2.75	0.20	3.10	0.23
	山西	2.66	3.24	2.11	1.95	2.13	2.50	0.00
	河南	2.39	3.70	2.52	2.39	1.77	3.31	2.35
	山东	1.21	4.61	2.56	3.34	0.29	3.21	1.25
2017	青海	2.21	0.92	2.19	0.00	0.66	1.45	1.41
	四川	2.59	3.73	1.96	3.32	0.75	3.01	1.43
	甘肃	3.13	2.85	2.02	2.84	1.85	2.21	0.33
	宁夏	1.72	1.73	1.85	2.21	0.37	0.40	1.79
	内蒙古	1.17	2.01	2.23	1.91	1.79	1.68	0.41
	陕西	1.82	3.47	2.34	2.63	0.35	3.11	0.34
	山西	2.32	3.12	1.78	1.87	2.04	2.51	0.04
	河南	2.25	3.75	2.26	2.32	1.39	3.38	2.36
	山东	0.96	4.73	2.40	3.23	0.10	3.16	1.41

年份	省份	x_{34}	x_{35}	x_{36}	x_{37}	x_{38}	x_{39}	x_{40}
2018	青海	2.03	0.65	1.67	1.60	0.60	1.38	1.82
	四川	2.51	3.82	1.47	3.46	1.30	3.22	1.80
	甘肃	2.98	2.58	1.38	2.72	1.45	2.15	0.49
	宁夏	1.59	1.70	1.17	2.16	0.91	0.40	1.98
	内蒙古	0.92	1.82	1.69	1.71	1.92	1.53	0.50
	陕西	1.49	3.44	2.01	2.94	1.08	3.08	0.68
	山西	2.23	3.02	1.51	1.79	1.86	2.50	0.30
	河南	2.13	3.74	1.95	2.27	1.35	3.39	2.47
	山东	0.72	4.69	2.08	3.37	0.63	2.89	1.68
2019	青海	2.04	0.15	1.39	1.90	0.78	1.37	1.83
	四川	2.21	4.01	1.32	3.62	1.38	3.34	2.06
	甘肃	3.08	2.63	0.93	2.70	1.08	2.09	0.52
	宁夏	1.70	1.81	0.73	2.30	1.13	0.36	2.26
	内蒙古	0.97	1.68	1.50	1.63	1.55	1.42	0.62
	陕西	1.38	3.54	1.73	3.14	0.76	3.11	0.89
	山西	2.26	2.89	1.16	1.68	1.67	2.40	0.28
	河南	1.83	3.75	1.75	2.28	1.51	3.45	2.54
	山东	1.15	4.56	1.68	3.31	0.22	2.68	1.72
2020	青海	1.98	0.00	1.32	1.93	0.87	0.75	1.80
	四川	2.24	4.19	1.18	3.88	2.04	3.57	2.17
	甘肃	2.98	2.56	0.69	2.85	1.09	1.81	0.46
	宁夏	1.77	1.84	0.44	2.38	1.51	0.25	2.22
	内蒙古	0.76	1.60	1.36	1.79	1.60	1.22	0.49
	陕西	1.57	3.84	1.32	3.34	1.15	3.44	1.23
	山西	2.10	2.87	0.83	1.55	1.86	2.23	0.19
	河南	2.15	4.22	1.59	2.28	1.75	3.64	2.59
	山东	1.15	4.95	1.50	3.64	0.50	2.81	1.84
2021	青海	1.69	0.21	0.87	2.15	1.23	0.65	1.69
	四川	1.70	4.11	0.75	3.76	3.38	3.34	1.90
	甘肃	2.80	2.76	0.29	2.69	2.09	1.65	0.48
	宁夏	1.37	2.06	0.00	2.71	1.95	0.00	2.03
	内蒙古	0.00	1.66	1.08	2.34	2.16	1.10	0.35
	陕西	0.88	4.03	0.63	4.03	2.56	3.48	1.32
	山西	1.25	2.92	0.53	2.46	2.11	2.08	0.20
	河南	1.94	4.50	1.08	2.94	2.86	3.76	2.55
	山东	0.37	5.56	1.00	4.39	1.20	2.88	2.14

参考文献

[1] 张可云、张颖：《不同空间尺度下黄河流域区域经济差异的演变》，《经济地理》2020 年第 7 期。

[2] 魏礼群：《贯彻落实好黄河流域生态保护和高质量发展战略》，《中国社会科学报》2021 年 1 月 29 日。

[3] 王佃利、滕蕾：《结构重塑、政策政体与跨域治理：黄河国家战略推进中的协同提升策略》，《广西师范大学学报》（哲学社会科学版）2023 年第 3 期。

[4] 茹少峰、马茹慧：《黄河流域生态环境脆弱性评价、空间分析及预测》，《自然资源学报》2022 年第 7 期。

[5] 陈明华、岳海珺、郝云飞等：《黄河流域生态效率的空间差异、动态演进及驱动因素》，《数量经济技术经济研究》2021 年第 9 期。

[6] 何爱平、安梦天、李雪娇：《黄河流域绿色发展效率及其提升路径研究》，《人文杂志》2021 年第 4 期。

[7] 李汝资、白昳、周云南等：《黄河流域水资源利用与经济增长脱钩及影响因素分解》，《地理科学》2023 年第 1 期。

[8] 程蕾、陈吕军、田金平等：《"以水定产"驱动的黄河流域可持续水管理策略研究》，《中国工程科学》2023 年第 1 期。

[9] 罗巍、杨玄酯、杨永芳、程遂菅：《黄河流域水–能源–粮食纽带关系协同演化及预测》，《资源科学》2022 年第 3 期。

[10] 朱杰堂、陈阳、岳超等：《基于熵权法的黄河流域资源环境承载力测

度》，《河南牧业经济学院学报》2022年第2期。

[11] 王爱萍：《山东省黄河流域生态保护和高质量发展的水生态制约与对策研究》，《山东师范大学学报》（社会科学版）2022年第5期。

[12] 周清香、何爱平：《环境规制能否助推黄河流域高质量发展》，《财经科学》2020年第6期。

[13] 徐一恒、刘学录：《黄河流域绿色发展评价》，《国土与自然资源研究》2023年第1期。

[14] 武宵旭、任保平、葛鹏飞：《黄河流域技术创新与绿色发展的耦合协调关系》，《中国人口·资源与环境》2022年第8期。

[15] 李亚菲：《黄河全流域横向生态补偿机制构建》，《社会科学家》2022年第8期。

[16] 钞小静、周文慧：《黄河中上游西北地区生态安全的综合评价、体系构建及推动机制》，《宁夏社会科学》2022年第4期。

[17] 刘娇妹、王刚、付晓娣等：《黄河流域河南段生态保护和高质量发展评价研究》，《人民黄河》2023年第7期。

[18] 刘洋、马静：《黄河流域中心城市高质量发展空间网络结构特征分析》，《生态经济》2023年第3期。

[19] 康艳青、李春荷、朱永明：《黄河流域城市群高质量发展评估与空间分异研究》，《生态经济》2023年第2期。

[20] 沙德春、王茂林：《黄河流域高质量发展效率的演变及耦合协调水平》，《科技管理研究》2022年第20期。

[21] 沈路、钱丽：《黄河流域高质量发展水平测度、空间关联及影响因素分析》，《统计与决策》2022年第13期。

[22] 张中良、牛木川：《长江、黄河流域高质量发展的测算与比较研究》，《生态经济》2022年第2期。

[23] 相征、顾元吉：《黄河流域绿色经济效率的测度及收敛性分析》，《人民黄河》2022年第10期。

[24] 任保平、付雅梅、杨羽宸：《黄河流域九省区经济高质量发展的评价

及路径选择》,《统计与信息论坛》2022年第1期。

[25] 马瑞:《新发展理念视角下黄河流域9省高质量发展评价与空间分布研究》,《资源与产业》2022年第1期。

[26] 安欣、徐硕、张萌萌等:《黄河流域高质量发展水平测度及空间关联分析》,《统计与决策》2021年第23期。

[27] 生延超、周垚:《经济集聚能否促进黄河流域经济高质量增长与生态保护的协同发展?》,《中南大学学报》(社会科学版)2021年第6期。

[28] 韩君、杜文豪、吴俊珺:《黄河流域高质量发展水平测度研究》,《西安财经大学学报》2021年第1期。

[29] 徐辉、师诺、武玲玲等:《黄河流域高质量发展水平测度及其时空演变》,《资源科学》2020年第1期。

[30] 闫丽洁、赵永江、邱士可等:《黄河流域高质量发展指标体系构建与评价——以河南段为例》,《地域研究与开发》2022年第6期。

[30] 黄敦平、叶蕾:《黄河流域城市经济高质量发展综合评价》,《统计与决策》2022年第19期。

[31] 杨玉珍、闫佳笑:《黄河流域高质量发展时空动态演变及溢出效应——基于9省域61个地市的数据分析》,《河南师范大学学报》(自然科学版)2022年第1期。

[32] 吕德胜、王珏、程振:《黄河流域数字经济、生态保护与高质量发展时空耦合及其驱动因素》,《经济问题探索》2022年第8期。

[33] 申丹虹、刘锦叶、师王芳:《黄河流域绿色全要素生产率及影响因素研究》,《调研世界》2023年第3期。

[34] 邱兆林:《长江经济带与黄河流域生态效率差异及影响因素分析》,《当代经济管理》2022年第6期。

[35] 李凯风、李子豪:《黄河流域绿色全要素生产率测度》,《统计与决策》2022年第4期。

[36] 毛锦凰、朱美鸿、王一凡等:《节能降碳约束与绿色全要素生产率增长——基于黄河流域高质量发展视角的实证研究》,《甘肃行政学院学

报》2021 年第 6 期。

［37］赵康杰、刘星晨：《黄河流域水—能源复合生态效率评价及影响因素研究——兼与长江经济带的比较》，《煤炭经济研究》2020 年第 8 期。

［38］刘华军、曲惠敏：《黄河流域绿色全要素生产率增长的空间格局及动态演进》，《中国人口科学》2019 年第 6 期。

［39］李治国、霍冉、周行：《数字经济、能源生产率与高质量发展——基于黄河流域面板数据的实证研究》，《河南师范大学学报》（自然科学版）2023 年第 2 期。

［40］任保平、巩羽浩：《数字经济助推黄河流域高质量发展的路径与政策》，《经济问题》2023 年第 2 期。

［41］王珏、吕德胜：《数字经济能否促进黄河流域高质量发展——基于产业结构升级视角》，《西北大学学报》（哲学社会科学版）2022 年第 6 期。

［42］田刚元、陈富良：《数字经济、产业集聚与黄河流域制造业高质量发展》，《统计与决策》2022 年第 21 期。

［43］宋跃刚、郝夏珍：《数字经济对黄河流域经济高质量发展的门槛和空间溢出效应研究》，《河南师范大学学报》（自然科学版）2022 年第 1 期。

［44］王军、车帅：《黄河流域数字经济对高质量发展的影响——来自城市异质性的经验证据》，《资源科学》2022 年第 4 期。

［45］周清香、李仙娥：《数字经济与黄河流域高质量发展：内在机理及实证检验》，《统计与决策》2022 年第 4 期。

［46］申庆元：《黄河流域中心城市高质量发展水平测度分析》，《人民黄河》2023 年第 1 期。

［47］杨东阳、张晗、苗长虹：《黄河流域生态效率与产业结构转型驱动作用研究》，《河南师范大学学报》（自然科学版）2023 年第 1 期。

［48］张安忠：《黄河流域文化产业高质量发展水平评价》，《统计与决策》2023 年第 4 期。

［49］ 张学良、贾文星、吴胜男：《黄河流域高质量发展的时空跃迁及驱动因素分析》，《中国人口科学》2022 年第 3 期。

［50］ 李梦程、李琪、王成新等：《黄河流域人地协调高质量发展时空演变及其影响因素研究》，《干旱区资源与环境》2022 年第 2 期。

［51］ 王静、刘晶晶、宋子秋等：《黄河流域高质量发展的生态保护与国土空间利用策略》，《自然资源学报》2022 年第 11 期。

［52］ 哈梅芳、周涛：《财政分权与黄河流域生态保护和高质量发展：基于产业结构升级的非线性中介效应研究》，《宁夏大学学报》（人文社会科学版）2022 年第 6 期。

［53］ 王兆华、邹朋宇、李浩等：《经济—能源—水耦合视角下黄河流域区域协同发展路径》，《中国人口·资源与环境》2022 年第 8 期。

［54］ 陈岩、赵琰鑫、赵越等：《黄河流域"四水四定"推动高质量发展的实现路径》，《环境保护》2022 年第 14 期。

［55］ 陈明华、王哲、李倩：《黄河流域高质量发展的不平衡不充分测度及成因》，《当代经济研究》2022 年第 9 期。

［56］ 海本禄、常鹏宇、张秀峰：《创新要素流动与黄河流域高质量发展——基于地级市面板数据的空间计量研究》，《河南师范大学学报》（自然科学版）2022 年第 1 期。

［57］ 郝金连、王利、孙根年等：《黄河流域高质量发展空间格局演进：基于新发展理念视角》，《中国沙漠》2022 年第 6 期。

［58］ 杨丹、常歌、赵建吉：《黄河流域经济高质量发展面临难题与推进路径》，《中州学刊》2020 年第 7 期。

［59］ 韩东芳、沈景绪：《黄河流域生态保护与高质量发展的耦合关系分析》，《黑龙江环境通报》2022 年第 4 期。

［60］ 张伟丽、王伊斌、李金晓等：《黄河流域生态保护与经济高质量发展耦合协调网络分析》，《生态经济》2022 年第 10 期。

［61］ 杨慧芳、张合林：《黄河流域生态保护与经济高质量发展耦合协调关系评价》，《统计与决策》2022 年第 11 期。

［62］孙斌、徐渭、薛建春：《黄河流域城市群城镇化与生态保护耦合协调研究》，《人民黄河》2022年第6期。

［63］孙久文、崔雅琪、张皓：《黄河流域城市群生态保护与经济发展耦合的时空格局与机制分析》，《自然资源学报》2022年第7期。

［64］韩君、韦楠楠、颜小凤：《黄河流域生态保护和高质量发展的协同性测度》，《兰州财经大学学报》2022年第1期。

［65］陈少炜、肖文杰：《黄河流域高质量发展与生态福利绩效耦合协调分析》，《人民黄河》2022年第12期。

［66］张雪薇、杜凤莲、申晓燕等：《黄河流域经济—能源—生态—科技耦合协调发展时空格局及其影响因素》，《安全与环境学报》2023年第7期。

［67］赵金辉、田林、李思源等：《黄河流域能源与环境—经济—生态耦合协调发展研究》，《人民黄河》2022年第11期。

［68］张力隽、王余枫、夏永波等：《黄河流域资源—环境—经济耦合协调发展研究》，《人民黄河》2022年第3期。

［69］孙继琼：《黄河流域生态保护与高质量发展的耦合协调：评价与趋势》，《财经科学》2021年第3期。

［70］宁朝山、李绍东：《黄河流域生态保护与经济发展协同度动态评价》，《人民黄河》2020年第12期。

［71］黄仁全：《黄河流域高质量发展水平时空演变与灰色关联分析：基于2000—2018年的实证》，《生态经济》2022年第9期。

［72］徐福祥、徐浩、刘艳芬等：《黄河流域九省（区）生态保护和高质量发展治理水平测度与评价》，《人民黄河》2022年第6期。

［73］任保平、裴昂：《黄河流域生态保护和高质量发展的科技创新支撑》，《人民黄河》2022年第9期。

［74］许广月、薛栋：《以高水平生态保护驱动黄河流域高质量发展》，《中州学刊》2021年第10期。

［75］高国力、贾若祥、王继源等：《黄河流域生态保护和高质量发展的重

要进展、综合评价及主要导向》，《兰州大学学报》（社会科学版）2022 年第 2 期。

[76] 刘琳轲、梁流涛、高攀等：《黄河流域生态保护与高质量发展的耦合关系及交互响应》，《自然资源学报》2021 年第 1 期。

[77] 刘建华、黄亮朝、左其亭：《黄河流域生态保护和高质量发展协同推进准则及量化研究》，《人民黄河》2020 年第 9 期。

[78] 石涛：《黄河流域生态保护与经济高质量发展耦合协调度及空间网络效应》，《区域经济评论》2020 年第 3 期。

[79] 刘轩志、赵文莉：《黄河流域沿线省份生态效率测度》，《区域治理》2019 年第 45 期。

[80] 郭远智、李许红：《基于随机森林模型的黄河流域城市建用地结构时空演化及其驱动机制研究》，《地理科学进展》2023 年第 1 期。

[81] 刘彦随、夏军、王永生等：《黄河流域人地系统协调与高质量发展》，《西北大学学报》（自然科学版）2022 年第 3 期。

[82] 程砚秋：《基于区间相似度和序列比对的群组 G1 评价方法》，《中国管理科学》2015 年第 S1 期。

[83] 钱慧敏、何江、关娇：《"智慧+共享"物流耦合效应评价》，《中国流通经济》2019 年第 11 期。

[84] 王淑佳、孔伟、任亮等：《国内耦合协调度模型的误区及修正》，《自然资源学报》2021 年第 3 期。

[85] 张可云、张颖：《不同空间尺度下黄河流域区域经济差异的演变》，《经济地理》2020 年第 7 期。

[86] 程永生、张德元、赵梦婵：《黄河流域生态保护和高质量发展的时空演变与驱动因素》，《经济体制改革》2021 年第 5 期。

[87] 高国力、贾若祥、王继源等：《黄河流域生态保护和高质量发展的重要进展、综合评价及主要导向》，《兰州大学学报》（社会科学版）2022 年第 2 期。

[88] 孙利娟、邢小军、周德群：《熵值赋权法的改进》，《统计与决策》

2010 年第 21 期。

［89］ 杜赛花、李镇南、赖志杰：《广东省城市科技创新孵化能力与效率——基于改进熵值法与超效率 DEA 的分析》，《科技管理研究》2020 年第 17 期。

［90］ 张军以、苏维词、张婕：《2000—2009 年重庆市土地资源生态安全评价及趋势分析》，《地域研究与开发》2011 年第 4 期。

［91］ 黄鹏、郭闻、兰思仁：《福建省土地生态安全 AHP 法和熵值法动态评价比较》，《沈阳农业大学学报》（社会科学版）2015 年第 3 期。

［92］ 黄国庆、王明绪、王国良：《效能评估中的改进熵值法赋权研究》，《计算机工程与应用》2012 年第 28 期。

［93］ 石薛桥、齐晓秀：《山西上市公司技术创新能力评价——基于改进熵权 TOPSIS 法》，《经济问题》2016 年第 9 期。

［94］ 吴翔凌、梁兆国：《基于改进熵值法的福州市现代服务业发展竞争力评价》，《福建论坛》（人文社会科学版）2018 年第 8 期。

［95］ 李创新、马耀峰、李振亭：《基于改进熵值法的旅游竞争力模型与聚类分析》，《软科学》2007 年第 6 期。

［96］ 吴旭晓：《新时代河南省共同富裕实现程度评估与政策靶向》，《统计理论与实践》2022 年第 12 期。

［97］ 吴俊强、骆华松、陈长瑶等：《云南城市化与产业生态化协调发展研究：基于改进熵值法的协调度评价模型》，《资源开发与市场》2014 年第 2 期。

［98］ 谭婧、陶小马、陈旭：《基于改进熵值法的城市"精明增长"综合测度——以长江三角洲 16 市为例》，《长江流域资源与环境》2012 年第 2 期。

［99］ 李国良、王磊、杨晓严：《滇中城市群交通基础设施与新型城镇化的协调性研究》，《工程管理学报》2020 年第 6 期。

［100］ 张熠、王先甲：《基于序关系分析法的节水型社会建设综合评价》，《水电能源科学》2017 年第 3 期。

［101］刘立峰：《黄河流域生态保护和高质量发展战略价值和路径选择》，《中国经贸导刊》2022 年第 6 期。

［102］崔岚、曹雷、张小科等：《对"十三五"时期河南沿黄核心区经济发展的回顾与思考》，《统计理论与实践》2021 年第 11 期。

［103］吴旭晓：《新发展格局下都市圈城市韧性测度与提升策略——以中部地区 4 个省会都市圈为例》，《南都学坛》2022 年第 1 期。

［104］董旭、郭可佳、杨亚丽等：《黄河流域生态保护和高质量发展：过去、现在与未来》，《郑州航空工业管理学院学报》2022 年第 6 期。

［105］赵丽娜、刘晓宁：《推动黄河流域高水平对外开放的思路与路径研究》，《山东社会科学》2022 年第 7 期。

［106］曹力：《陈立华协同学原理和应用》，华中理工大学出版社，1990。

［107］蔡漳平、叶树峰：《耦合经济》，冶金工业出版社，2011。

后　记

推动黄河流域生态保护和高质量发展是新时代全面建设社会主义现代化国家的重大战略之一。以习近平生态文明思想和新发展理念为理论指导，从协同推进黄河流域生态保护和高质量发展的视角出发，将系统论、信息论、生态经济学理论等经典理论与黄河流域发展实际情况相结合，在中国式现代化进程中动态监测党的十八大以来的黄河流域综合发展指数，深入把脉薄弱环节，找准政策发力点，对于新阶段筑牢我国生态安全屏障、推动实现共同富裕、加快发展方式绿色转型、扛稳国家粮食安全重任和高效率构建新发展格局，具有重要的实践价值和战略意义。

本书是省直事业单位重塑性改革中新组建的河南省社会科学院统计与管理科学研究所下属的黄河指数研究中心成立后完成的第一份研究报告，是在建设"国内一流哲学社会科学研究机构、国内一流新型高端智库"新征程上的一次主动出击和积极尝试，也是2023年河南省社会科学院创新工程项目《新时代黄河流域发展指数综合测评及分区提升策略研究》的主要成果之一。本研究是统计与管理科学研究所全面推进学术体系、学科体系、话语体系建设的产品，也是课题组成员多次集体讨论形成的结晶，全体课题组成员在深入交流探讨中为研究报告的顺利完成贡献了力量。研究报告的具体分工如下：

课题组长：王承哲

副课题组长：刘朝阳

首席专家：杜明军

执笔人员：马昂、杨玉雪、董黎明、吴旭晓、李莹莹、刘倩倩、曹雷

内容提要（中英文）：马昂

第一章：杨玉雪（第一、二、三节及第四节的第一部分），董黎明（第四节的第二部分），吴旭晓（第四节的第三部分）

第二章：李莹莹（第一节、第三节、第五节），刘倩倩（第二节），董黎明（第四节、第六节）

第三章：刘倩倩

第四章：李莹莹

第五章：董黎明（第一节），杨玉雪（第二节的第一部分），李莹莹（第二节的第二部分），刘倩倩（第二节的第三部分），曹雷（第三节）

王承哲负责研究报告的全面统筹规划。刘朝阳负责意识形态审核。杜明军负责研究报告的学术规范性评估。杜明军和吴旭晓负责研究报告的框架设计。吴旭晓负责数据处理和图表输出。马昂负责附表的整理、全书的统稿及校对、格式审核、优化排版。曹雷和杨玉雪负责全书的出版校对。李亚芳参与后期的修改完善工作。

本书在撰写过程中吸收了省内外众多学界前辈及同行的宝贵建议，获得了院领导的大力支持，在此一并表示衷心感谢！囿于笔者的学识及眼界，研究报告中肯定存在许多不足之处，诚请批评指正！

河南省社会科学院黄河指数课题组

2023 年 6 月 19 日

图书在版编目（CIP）数据

中国黄河流域发展指数综合测评报告.2012~2021 /
王承哲，刘朝阳主编；杜明军，吴旭晓，杨玉雪副主编
.--北京：社会科学文献出版社，2023.10
　（中原智库丛书.学者系列）
　ISBN 978-7-5228-2500-7

　Ⅰ.①中… 　Ⅱ.①王… ②刘… ③杜… ④吴… ⑤杨
… 　Ⅲ.①黄河流域-流域经济-区域经济发展-研究报告
-2012-2021 　Ⅳ.①F127.2

　中国国家版本馆 CIP 数据核字（2023）第 173246 号

中原智库丛书·学者系列
中国黄河流域发展指数综合测评报告（2012~2021）

主　　编／王承哲　刘朝阳
副 主 编／杜明军　吴旭晓　杨玉雪

出 版 人／冀祥德
组稿编辑／任文武
责任编辑／方　丽　张丽丽
责任印制／王京美

出　　版／社会科学文献出版社·城市和绿色发展分社（010）59367143
　　　　　地址：北京市北三环中路甲29号院华龙大厦　邮编：100029
　　　　　网址：www.ssap.com.cn
发　　行／社会科学文献出版社（010）59367028
印　　装／三河市龙林印务有限公司

规　　格／开　本：787mm×1092mm　1/16
　　　　　印　张：12.75　字　数：195千字
版　　次／2023年10月第1版　2023年10月第1次印刷
书　　号／ISBN 978-7-5228-2500-7
定　　价／88.00元

读者服务电话：4008918866